Reminiscências
do sol quadrado

Mário Lago

Reminiscências do sol quadrado

PRIMEIRO DE ABRIL

1ª edição

Rio de Janeiro, 2014

© *Herdeiros de Mário Lago*

Reservam-se os direitos desta edição à
EDITORA JOSÉ OLYMPIO LTDA.
Rua Argentina, 171 – 3º andar – São Cristóvão
20921-380 – Rio de Janeiro, RJ – República Federativa do Brasil
Tel.: (21) 2585-2060
Printed in Brazil / Impresso no Brasil

Atendimento direto ao leitor:
mdireto@record.com.br
Tel.: (21) 2585-2002

ISBN 978-85-03-01128-0

Capa: Carolina Vaz

Livro revisado segundo o novo Acordo Ortográfico da Língua Portuguesa.

CIP-BRASIL. CATALOGAÇÃO NA PUBLICAÇÃO
SINDICATO NACIONAL DOS EDITORES DE LIVROS, RJ

L175r	Lago, Mário, 1911-2002
	Reminiscências do sol quadrado: primeiro de abril / Mário Lago. – 1ª ed. – Rio de Janeiro: José Olympio, 2014.
	112 p.; 21 cm.

ISBN 978-85-03-01128-0

1. Lago, Mário, 1911-2002. 2. Prisioneiros políticos – Brasil – Biografia. 3. Artistas – Atividades políticas. I. Título.

CDD: 920.936545
14-09368   CDU: 929:343.301

aos que viveram estas experiências comigo.
aos que conhecem e estão recolhendo outras experiências.
aos que a morte calou a voz que poderia contar.
aos que ainda estão longe e contarão quando voltarem.

XAMEGO-SÍNTESE PARA QUEM TIVER PREGUIÇA DE LER
O RESTO, QUE É DETALHE SÓ

Me invadiram a casa toda
(e eram mais de dez)
me viraram tudo nela
(e eram mais de dez)
me cercaram o edifício
(e eram mais de dez)
me impediram o elevador
(e eram mais de dez)
me esvaziaram a calçada
(e eram mais de dez)
me pensando de dar tiro.
Eram mais de dez, eram mais de dez,
eram mais de dez. De dez.

Me meteram em tintureiro
(e eram mais de dez)
me levaram para o Dops
(e eram mais de dez)
me enfiaram numa lancha
(e eram mais de dez)
me largaram numa ilha
(e eram mais de dez)
me enfiaram noutra lancha
(e eram mais de dez)

me trancaram no presídio.
E eram mais de dez, mais de dez,
eram mais de dez.

Juntou dia atrás de dia
(e eram mais de dez)
quando fez cinquenta e oito
(e eram mais de dez)
me voltaram para o Dops
(e eram mais de dez)
me botaram numa sala
(e eram mais de dez)
me sentaram e perguntaram:
(e eram mais de dez)
"sabe por que que foi preso?"

INDICAÇÕES PRECIOSAS PARA QUEM NÃO VIVEU AQUELES DIAS E PARA OS DE MEMÓRIA FRACA, QUE PREFEREM ESQUECÊ-LOS:

um dos chefes, comandante da marcha Juiz de Fora/Rio, confessou que de política nada entendia, confessando-se mesmo, nesse terreno, uma vaca fardada.

um seu colega de façanha achou graciosa essa resposta, mas (possivelmente complexo de machice), se lhe fosse dado escolher (o animal, evidentemente, que a ignorância era a mesma) preferiria autoclassificar-se de touro.

um prosperíssimo banqueiro, em entrevista nos primeiros dias de abril de 1964, deixou escorregar que uma das grandes razões que o levaram a empunhar a "bandeira democrática da redentora" tinha sido o fechamento da Carteira de Redesconto do Banco do Brasil.

Cada um tinha suas razões... e até hoje continuam não interessados em ouvir as razões do povo.

I

Foi na noite de 2 de abril de 1964 que me invadiram a casa, doze metralhadoras aumentando o vulto dos homens que participavam da operação, bombas de gás lacrimogênio sacolejando nas cinturas como balangandãs ou contas de rosário, já que tudo se agigantara à entrada de tanta gente. Não era minha primeira prisão nem seria a última, coisa que digo sem orgulho, a bem da verdade, pois cadeia não é crachá provando mérito nem título que enriqueça currículo. Na maioria das vezes — salvo se em ação ou consequência de denúncia — houve erro, descuido ou subestimação da paciência do inimigo.

Em 21 de janeiro de 1932, por exemplo, terminado o comício na porta da América Fabril (comemorando a Semana dos Três Ls: Lenine, Rosa Luxemburgo e Karl Liebknecht), eu não tinha nada que me isolar do grupo. Quando me dei conta, ao dobrar uma esquina, estava sendo dominado por trás e atirado dentro de um tintureiro, sem sequer tempo para armar o escândalo que chamasse a atenção de quem passava. Em 1937, por andar meio afastado das coisas da política, esqueci que a memória da reação não é guardada nas circunvoluções cerebrais, como no normal dos homens, e sim na infalibilidade das fichas — sempre revistas, quando mais não seja para uma checagem, porquanto eles vivem disso, desconhecem pressa —, e não tive o cuidado de examinar as figurinhas que costumavam estar nas redondezas de casa quando eu saía para o trabalho, de olhar para trás como quem não quer nada, aproveitando a passagem de uma mulher bonita. E houve 1948, 1949... A eterna mania de que a maré está sempre para peixe. E em abril de 1964, a mesma coisa.

Já não devia ter voltado para casa no próprio dia 1º. Se eu mesmo dissera ao Hemílcio Fróes, diretor da Rádio Nacional e presidente do Sindicato de Radialistas, "vamos ficar esperando o quê, que nos prendam?", depois que um oficial telefonou comunicando que os transmissores já estavam em poder do Exército e que "dentro em pouco" a Rádio seria ocupada. Mas voltei. Tristeza dos diabos o percurso meio escondido no fundo de um táxi. Na Cinelândia, os estudantes — sem sequer uma atiradeira — procuravam organizar manifestações de protesto contra o golpe, generosamente esquecidos do alvo fácil que representavam para qualquer reação partida do Clube Militar, bem ali em frente a eles, as janelas servindo de excelentes trincheiras. Na praia do Flamengo foi de cortar o coração: começava o incêndio da UNE, e a primeira lembrança a me assaltar, homem de teatro que sou, foi a sala de espetáculos que ia ser inaugurada poucos dias depois, construída com tanto sacrifício (suas paredes chamuscadas testemunhavam até pouco tempo o primeiro vandalismo praticado pelos heróis de 1964 contra uma realização de cultura).

E no dia seguinte, mais burra do que ingenuamente, voltei à Rádio. O colega que me atendeu disse apenas que eu estava afastado da programação, mas podia ter sido preso lá mesmo, pois àquela hora a Comissão de Investigação Sumária já dera ordem para isso. O caminho lógico a seguir, e sem pensar nem fração de segundo, seria o de uma embaixada, compensando o descuido da véspera, ou a casa de um amigo, e não foram poucas as ofertas de acolhida, até de pessoas que nada tinham a ver com as lutas sindicais em que eu andava envolvido. Mas voltei para o meio da minha gente, ainda parando na Presidente Vargas para assistir um pouco à Marcha da Família com Deus pela Liberdade. E não dei a menor atenção, em casa, às pessoas que bateram procurando sempre por alguém que não morava lá, inclusive um sargento do Exército, de mancomunação, viemos a saber mais tarde, com uma nossa empregada. À noite eles foram entrando na certeza de que estava tudo lá, esperando por eles convenientemente embrulhado em papel celofane, não faltando nem mesmo a fita de seda colorida dos pacotes de presentes.

Erro em cima de erro, como se vê, mas erro que não terá sido somente meu, pois foram muitos os que se deixaram prender em casa, alguns até na tranquilidade da cama, não poucos em propriedades que tinham distante daqui, achando que isso representava qualquer segurança. Tudo fruto de uma ilusão generalizada. Por que ficar esquentando a cabeça por causa de mais um golpe? Não iria longe, como não tinham tido pernas as tentativas depois da morte de Getúlio Vargas, os arreganhos em Aragarças e Jacareacanga, a aventura de impedir a posse de João Goulart...

Poucos dias antes, um líder político da maior seriedade não afirmara que a reação seria irremediavelmente esmagada se pusesse a cabeça de fora? E havia as greves, deflagradas com um simples apertar de botão ou assobio de esquina. E havia a UNE, os CPCs levando consciência política às massas com espetáculos inesquecíveis. E havia a greve dos marinheiros, "cabo" Anselmo mandando brasa violenta (só mais tarde se descobriria a serviço de que sardinhas estavam essas brasas). E ali estavam os aguerridos e tonitruantes Grupos dos Onze... A propósito, a lembrança aqui se detém para fixar a resposta de Valério Konder a um desses fanáticos, que apregoava existirem dez mil Grupos dos Onze em todo o território nacional — "na hora do entrevero é só tocar a rebate e sai chumbo pra tudo que é lado":

"— Decididamente, vocês não nasceram com vocação para o poder. Dez mil vezes onze são cento e dez mil. Cento e dez mil homens armados e decididos tomam o poder aqui, Argentina, Uruguai, e, na folga, fazem o serviço no Paraguai. Em Cuba, a brincadeira começou com vinte e seis."

Havia realmente tudo que era proclamado. Só não havia sentido organizativo unindo as forças populares. Começavam a se manifestar claramente os primeiros germes do radicalismo, já se contavam às dúzias os pretensos donos da verdade, massa e liderança se alimentando da ilusão de que já eram poder, ou pelo menos a caminho do governo. Carabina papo-amarelo, de caçar rolinha, querendo enfrentar metralhadora. E metralhadora assusta. Que o diga o pobre Ernesto, zelador do edifício onde eu morava.

Não compreendi até hoje por que tanto aparato para me prenderem. O fato é que, após meia hora de perequeteio pela casa, um tira resolveu pedir reforços, como se tivessem cercado uma fortaleza disposta a resistir até o último homem. A segunda leva entrou pela garagem, no ritual das metralhadoras abrindo caminho como sirena de ambulância. O pobre Ernesto estava limpando o carro do síndico quando ouviu aquele coro em uníssono: "Não se mexa, que temos ordem de atirar." Realmente, o coitado não se mexeu, porque o desmaio, por um desses milagres que a ciência não explica, lhe endureceu as pernas, mantendo-o de pé, mãos para cima mesmo depois de termos ido embora.

Mas a truculência é irmã siamesa do grotesco, e a pantomima iniciada na garagem foi sofrendo várias versões dentro de casa, onde a arrogância dos homens perdera um pouco o sentido ante a constatação de um do grupo: "Aqui não tem nem facão de cozinha." O diabo é que metralhadora exige determinada postura, do contrário acaba parecendo de brinquedo: braço formando irretocável ângulo reto com o antebraço. E eles iam e vinham, tornavam a vir, indo logo depois, nenhum deles acrescentando nada a essa movimentação, mas afinal eram muitos, um não podia ficar encabulado diante do outro por não estar fazendo coisa alguma, participando ativamente não sabia bem de quê, mas participando.

E veio o jogo de empurra entre um deles e minha senhora, a propósito das venezianas. Morávamos na rua Bolívar havia mais de dez anos e, ao se espalhar a notícia de que minha casa fora invadida pela polícia, a vizinhança correu para as calçadas e para as janelas. Por que não mostrar à plateia o vira-que-te-revira feito no nosso recanto de privacidade? E Zeli procurava manter as venezianas levantadas. O tira vinha e as abaixava, "não convém ninguém saber o que está acontecendo". Passava um tempo e Zeli tornava a levantá-las, "sofro de asma e as venezianas abaixadas me dão falta de ar". E assim durante todo o tempo em que eles lá estiveram.

Zeli, aliás, é mestra nesse tipo de teimosia. Quando certa vez nos invadiram a casa para prender a nossa filha, a coisa acabou virando paródia daquela cena num camarote de navio do filme *Uma noite na ópera*, dos Irmãos Marx. Nossa filha dormira no apartamento de uma tia e eles ficaram à espera, advertindo que ninguém poderia sair e que não sairia quem entrasse. Cedo da manhã (com toda razão, um amigo meu costumava dizer: "eles acordam com a madrugada, seu Mário, pegam todo mundo desprevenido, por isso levam sempre vantagem"), evidentemente era a hora dos fornecedores, cobradores, e a todos eles Zeli mandava entrar, dizendo depois, no melhor dos sorrisos, que eles não poderiam sair "porque esses cavalheiros vieram prender minha filha e não querem que ninguém possa avisá-la". Dali a pouco eram mais de vinte pessoas dentro de casa, já não havendo espaço para as pessoas se acomodarem, quanto mais se sentarem, e os homens, atarantados, às vezes ensaiavam um "desculpem" muito do sem jeito, já que tinham sido inúteis as recomendações: "não deixe entrar mais ninguém, ou, se deixar, diga que somos amigos do seu marido".

E aconteceu o caso do piano, traste velho irrecuperável. Já ia bem para três meses um curioso levara teclado, cordas, metade do dinheiro do conserto, sumindo na fumaça sem dar satisfações. Traste velho até o momento em que um dos tiras dele se aproximou, pesquisa por conta própria. Cem olhos de Argos em cada ponta de dedo, levantou a tampa de um repelão. E o berro sacudiu a sala:

— Um piano falso!

Confusão geral. Aos nossos olhos, por causa da correria, era como se um exército avançasse em marche-marche, cada um dos invasores multiplicado por ene vezes. Tão concentrados estavam na manobra de aproximação e cerco do inimigo — passos inaudíveis, metralhadoras já engatilhadas —, que nos largaram a um canto, esquecidos de que poderíamos aproveitar a chance para tentar a fuga. No piano estava a solução do mistério! E em fração de segundo tampa e tampo foram arrancados, para o mistério não ter tempo de escapulir. Um deles, na ânsia de alcançar o inimigo antes dos outros — tudo conta para uma promoção, e guerra é guerra —, chegou a deixar a metralhadora sobre uma poltrona, sendo cômica a posição adequada de seus braços, como se carregasse a arma. Corríamos o maior dos perigos com aqueles alucinados dentro de casa, mas isso não me impediu de recordar a velha anedota do marido farrista, que mente à esposa dizendo que vai caçar com uns amigos e de manhã, para justificar a noite passada fora, compra algumas aves no mercado, trazendo-as orgulhosamente como troféus venatórios.

— Como é que você conseguiu caçar tudo isso sem a espingarda, meu bem? Está no armário.

— Bem que, cada vez que eu atirava, sentia que estava me faltando alguma coisa.

E lá pelas tantas se deu que estávamos sentados no sofá, enquanto escarafunchavam a casa toda — meu filho mais velho acompanhando a via-sacra para evitar "engordas" de gavetas —, tomando conta de nós o tal do abaixa e levanta veneziana. De repente o braço do vigilante foi desmanchando o ângulo reto, ao mesmo tempo que um sorriso se desenhava em seus lábios:

— Sabe?, eu nem vou contar pra patroa que vim prender o senhor, senão vai ser briga pra muito tempo. Ela é fã de suas novelas, não perde uma. Essa que o senhor está escrevendo agora ela diz que é um estouro. Se souber que o senhor não vai escrever mais e que eu ajudei a te prender... Eu, hein?

II

— Seu Mário, o senhor aqui! Como é que pode? Ainda na Sexta-feira da Paixão eu o vi no Teatro República! Aquele Pilatos que o senhor faz é do barulho. Todo ano eu vou ver a peça só por sua causa.

O estardalhaço durante a prisão me deixava preocupado quanto à entrada no Dops. Passar no meio de duas filas de tiras, o célebre "corredor polonês", porrada vindo de todo lado, não era perspectiva nada agradável, tanto que, numa vaga tentativa de me defender, procurei manter-me rigorosamente na mesma linha dos tiras que me levavam para a carceragem, escudo precário, reconheço, de onde até poderiam vir as primeiras saraivadas.

As palavras de entusiasmo eram ditas pelo Brito, carcereiro de dia, frequentador impenitente de "A força do perdão", peça sacra de Castro Viana representada por um grupo da Nacional, todos os anos, no Teatro República, durante a Semana Santa, fazendo eu o papel de Pilatos. Quase me atirei aos seus braços, na certeza da proteção. Puxa vida, tinha encontrado um instante de alento em meio à falta de ar.

A cela estava ocupada por uns três ou quatro, nenhum deles meu conhecido. Eles, logicamente, sabiam quem eu era, trabalhando havia tantos anos em rádio, cabendo a mim ficar na defensiva, pois ali podia haver algum infiltrado, daqueles que se fingem de bobos ou de muito fanáticos para saber das coisas, manobra usada desde que no mundo apareceu a polícia. A conversa concorreu para derreter o gelo e meu primeiro pensamento foi o de que o golpe não seria mesmo de proporções tão grandes. Só aquele pouquinho de gente? E cela com três camas, luxo nunca dantes conhecido! Sinal de que os homens não estavam muito certos de se manterem na conquista feita.

Mas, mesmo sendo para passar alguns dias, precisávamos pensar em organização, que preso político não é marginal, cada um cuidando de si, liderança disputada na maior ou menor coragem, num puxar de faca mais rápido. O diabo era como enfocar o problema com desconhecidos. Entenderiam a palavra "coletivo"? Não seria melhor falar em "associação de presos", qualquer coisa semelhante? Não recordo como me expliquei, mas depois de um tempo tínhamos eleito um secretário, um tesoureiro e um despenseiro, formáramos a caixa com um pouco do dinheiro de todos e fizéramos uma lista do que precisaríamos ter como despensa, pois gororoba de cadeia é para estômago de onça e alguma coisa além sempre ajuda. Mas quem ir buscar o que desejávamos?

"Seu Mário, o senhor aqui! Como é que pode?" Claro que ninguém melhor do que o Brito! Alguma serventia devia ter aquela recepção entusiástica. E como teve. Eram quase 11 horas da noite, os tempos aconselhavam o comércio a fechar cedo, mas meu admirador se mandou para a rua e meia hora depois voltava carregado de embrulhos, botando os bofes pela boca, contente, no entanto, por ter prestado um favor ao seu ídolo. Agora estávamos preparados para atender a mais gente que viesse. Só me assustei quando ele disse que depois queria conversar comigo. Ai, os meus pecados! A recordação voltou para uma noite terrível de 1948, *"año malo de Vidella y Dutra"*, como diz Neruda.

Naquela noite, quando entrei na carceragem, o nosso depositário, um mulato gordo, me olhou entre simpatia e espanto, abrindo-se num sorriso franco no momento da identificação: "O Mário Lago do samba?" Começando madrugada, me chamou muito amavelmente para a saleta de entrada da carceragem, interessado em saber se estava tudo bem, se não precisávamos de alguma coisa, pondo-se ao inteiro dispor para o que quiséssemos. Depois de muito enrola-enrola, acabou abrindo o peito:

— Eu também castigo minhas musiquinhas, sabe?, e se o senhor não se incomodar de ouvir...

Aguentei mais de quarenta sambas, cada um pior do que o outro, achando que todos eles deixavam longe tudo já feito pelo Noel Rosa, porque o preço para sofrer tamanho castigo tinha sido a abertura das celas, deixando os companheiros de prisão à vontade pelo corredor, alguns deles vindo fazer plateia para meu infortúnio e me acompanhando nos elogios, o que deixava cada vez mais assanhado o mulato, que, se compunha ruim, cantava mil vezes pior. Bem, ele dissera que castigava suas musiquinhas.

Felizmente, o Brito largou o serviço de manhã, esquecido de que queria falar comigo em particular.

E de manhã não haveria clima para qualquer conversa. A coisa se tornara insuportável. Em termos de quantidade, a pesca começava a ser altamente rendosa. No meio da noite, já não tínhamos o privilégio das camas, porque era preciso fazer espaço para os que iam chegando, e, já não tivéssemos um coletivo organizado, o inferno teria sido bem pior.

Chegou o Aristélio Travassos de Andrade, funcionário da Petrobras, a barriga que mais parecia uma camada de cimento tanto apanhara no pau de arara, com a sobrecarga de choques elétricos nos testículos. Lembrava gente porque conseguia articular umas tantas palavras e gemer. Aos sofrimentos físicos se juntava a angústia de saber se teriam posto em liberdade sua mãe, senhora de 60 anos trazida para o Dops em camisola de dormir, junto com seu pai e uma sobrinha pequena, pois não queriam que faltasse ninguém na pesca em sua casa.

E veio Arydio Xavier, diretor de relações públicas da Leopoldina. Quem visse seus olhos tranquilos nunca imaginaria que havia permanecido mais de doze horas sentado sem poder sair da cadeira para nada. Nem comer nem beber ou fumar. Nada. E os inquisidores se revezando, as perguntas chovendo sobre ele de todos os cantos da sala, na tortura chamada "americana". Entrou na cela como se estivesse embriagado, meio perdido o sentido de direção.

E apareceu o Antônio Pereira Neto, dirigente do Instituto de Aposentadoria e Pensão dos Marítimos (IAPM), cujas manchas nas calças lembravam as borrações cabotinas de Mathieu, mas eram de sangue, denunciavam torturas. Um médico covarde do IAPM (compositor já falecido e autor de um dos primeiros grandes sucessos de Carmen Miranda) havia permitido que a polícia o arrancasse do hospital, onde se encontrava em tratamento pré-operatório de uma úlcera.

As celas estavam botando gente pelo ladrão, explosão demográfica espalhada pelo corredor, havendo os arrebentados que mereciam cuidados especiais, os que não entendiam por que estavam ali e se desesperavam, os que queriam explodir a terra de polo a polo levando o céu de cambulhada, os enfossados por não saberem o que estaria acontecendo com suas famílias. Falta de ar no peito e na alma.

Eu só torcia para não nos acontecer o mesmo que em 1948, quando éramos 25 numa cela onde não podíamos ficar deitados todos ao mesmo tempo, revezando-se a dormida ou alguns dormindo de cócoras. E no meio da noite a porta da cela se abriu, um fedor insuportável tomando conta do ar, trazido por um mendigo. Dava pena ver o pobre infeliz procurando um lugar onde se esconder ou, pelo menos, ficar distante de nós, chorando que nem criança, pedindo perdão pelos incômodos que nos causava, mas o moço fora buscá-lo lá embaixo, derramara um líquido em seus trapos, até estava ardendo pra diabo... O moço era Charles Borer — nem sequer do quadro dos funcionários do Dops, mas sempre se comprazendo em infernizar a vida dos presos políticos —, que, depois de fechar a porta, disse às gargalhadas através da janelinha de grades: "Desculpem se não é água de colônia, mas para nariz de comunista ácido sulfúrico até que é luxo."

Felizmente, não nos aconteceu nada disso, talvez não tivessem ácido sulfúrico à disposição. Mas o ambiente tenso, como para explodir de um momento para outro, sufocava mais do que o ácido. Foi quando fiz um parênteses nas minhas descrenças e aceitei que Deus tivesse sido mesmo pai de Cristo, crucificado por se revoltar contra os poderosos, de acordo com as Sagradas Escrituras. Na conversa aqui e ali, acabei encontrando Jorge e José, mais tarde apelidados de Cosme e Damião, pois continuavam na cadeia a amizade iniciada no Instituto Superior de Estudos Brasileiros (Iseb), onde eram funcionários subalternos (apanhadores e levadores de fichas), nada entendendo de dialética, de aplicação do materialismo histórico à interpretação da nossa história, presos porque compareceram ao trabalho na manhã de 1º de abril, nunca lhes passando pela cabeça que todos aqueles soldados fossem invadir a repartição. Caíram do céu os irmãos siameses, pois desfilavam no Império Serrano, e a ideia brotou como o estalo de Vieira: um papo sobre escola de samba para levantar o ânimo da turma, que estávamos todos de asa meio caída.

Muito sem jeito a princípio, sendo necessário conduzir a coisa em forma de entrevista, os dois foram tomando embalagem à proporção que compreendiam que aquilo nada tinha a ver com o interrogatório igual ao já sofrido. Estavam falando do que lhes constituía sangue, paixão de cegueira, e dali a pouco lavavam a alma cantando e sambando, principalmente o Jorge. Quem o visse naquele instante juraria que estava na Presidente Vargas, diante de uma comissão julgadora, tanto se contorcia e se esmerava nos passos que contariam pontos no quesito de coreografia. A caixa de fósforos nas mãos do José tinha virado pandeiro, tamborim e surdo, o ronco da cuíca imitado de boca. Até o carcereiro e alguns tiras vieram para assistir. Só os dois não viam ninguém. Nem a nós, tenho certeza, porque o momento era de desfile e a escola não podia fazer feio.

III

Como se já não dessem para criar cabelos brancos os problemas de toda hora, havia os nove chineses da missão comercial que viera estabelecer os primeiros contatos com o governo brasileiro. Declararam-se em greve de fome contra a prisão arbitrária (sua missão era oficial, deveria ser-lhes dado um mínimo de imunidades), sendo separados, pois juntos talvez representassem um perigo para toda a América. Cinco deles — deviam ser os mais terríveis aos olhos dos homens — ficaram em celas individuais. Quatro estavam conosco. Nossa cela, aliás, tinha alguns toques de ONU, pois estavam ali um uruguaio, um argentino, um paraguaio e um boliviano, jovens vindos para o Congresso Latino-americano de Estudantes. Na cela das mulheres estava uma adolescente de 15 anos, chilena, filha do presidente do Partido Democrata Cristão, que depois elegeu Frei. Naquela época, o Chile era uma democracia, e o pai da garota achou que ela devia ir se acostumando aos debates, para mais tarde participar da vida política do país.

A todo instante, os tiras se masturbavam vindo provocar os nove chineses: que seriam mandados para Formosa, onde Chiang-Kai-Chek daria conta deles. Reagiam da maneira mais violenta a essas provocações, indiferentes ao que lhes pudesse acontecer (para dois dos que estavam em celas individuais já havia acontecido quando da prisão, como bem mostravam as equimoses no rosto).

E o ar cada vez mais irrespirável. Alguns achavam que a presença dos nove chineses, principalmente sua obstinação em não aceitarem comida, e a coragem com que enfrentavam a truculência dos policiais poderiam pôr-nos em risco. Outros eram de opinião que também devíamos entrar em greve de fome, num gesto de solidariedade. Mas como nos declararmos em greve de fome se a maneira de pensar dos que ali se encontravam era a mais variada colcha de retalhos que já vi em toda a minha vida?

Contar com o Manuel Varela para uma atitude tão séria como essa? O Varela era um português que, na noite chuvosa e fria de 1º de abril, andava matando as saudades de seu distante Portugal (saudades mesmo, pois eram tantas que não cabiam no rigor da *saudade* que as gramáticas mandam dizer como sendo certo). Eram tão grandes que só mesmo as afogando num bom verdasco e no choradinho de um fado. O botequim ficava em frente à polícia? E daí? Por acaso os gajos da esquadra, só por serem da esquadra, não gostam de música? E o bom Manuel foi virando os copos. Com o virar dos copos, a voz achou que o espaço era seu, indiferente aos boatos que diziam ter havido uma revolução e estarem prendendo gente a torto e a direito. Chiça! Lá na santa terrinha houve tempo em que era uma por semana e ele ali estava vendendo saúde. Iam fechar o botequim? Que o fechassem! Que se danasse o avião, porque ele cá não era o piloto! Que se danasse tudo! A rua foi feita pra quê? Pra se amaciar as calçadas com a saudade que vai escorrendo pelo peito. E haja de cantar, espremi-dinho e em tremeliques como ouvira o velho Marceneiro nas tascas da Mouraria e Alfama. E os fados do Manuel acabaram tomando conta da rua. Teriam chegado ao céu, atravessado o arco-íris e alcançado Lisboa se aquela voz não lhe afogasse o canto com uma ordem ríspida: "Vamos lá em cima que o chefão quer falar com você."

O chefão não entendia nada de saudade de terra distan-te — a hora era de bater nas cabeças —, e a acusação mais imbecil caiu sobre o Manuel: estava transmitindo mensa-gens em forma de música aos presos. Trinta e tantos dias de cadeia. No Fernandes Viana queria ouvir falar de tudo, menos de fado — "por causa desse troço quase me vão ao cu" —, e tendo que aturar a todo instante a brincadeira dos companheiros, que diziam que ele estava cantando "onde está minha viola?", o tal chefão entendera "onde está o meu Brizola?", e por isso queria à viva força caracterizá-lo como membro de um Grupo dos Onze.

Os chineses já chegaram ao Dops com a resolução tomada de se declararem em greve de fome, não consulta-ram ninguém a esse respeito. Qualquer resolução nossa no sentido de acompanhá-los deveria ser discutida. E discutir um assunto desses com quem? Com o Francisco Landulfo Braga, vigia de uma obra perto da rua da Relação? Prisão mais estúpida tinha sido a do pobre cabeça-chata.

Na noite chuvosa e fria de 1º de abril pensava em sua Paraíba, que a distância tornava ainda mais sua. Lá devia estar uma noite danada de bonita, viração gostosa entrando pelas narinas e não querendo sair mais. Tudo o conduzia para a tristeza, principalmente a desolação das ruas. Talvez sua tristeza tivesse pegado nelas que nem doença ruim. Talvez por causa da revolução. Andavam dizendo que tinha havido uma. Os jornais estavam cheios de fotografias grandes e letras ainda maiores. Se soubesse ler (os pais bem que haviam insistido quando ele era criança), teria ao menos com que se distrair. O jeito era ir ao boteco da esquina, ouvir os papos, engolir uma média para reforçar o estômago, que barriga cheia diminui o espaço para as tristezas. Não precisava preocupar-se que alguém fosse invadir a obra naquele meio-tempo. Quase não passava ninguém. O que passava, e muito, era tintureiro, caminhonete. Não seria numa noite daquelas que ia entrar ladrão na obra.

Tomou a média devagar, que a tristeza não dava ânimo nem para isso. Em diagonal com o boteco ficava o casarão da Polícia Central, sinistramente iluminado por inteiro. Devia estar acontecendo o diabo lá dentro. Já tinha ouvido cada cochicho! E não parava de chegar carro despejando gente, que entrava no edifício aos empurrões. "Que é que tá fazendo aí, ó, cara?" Olhou muito assustado. Azar dele algum fiscal da empresa ter vindo dar uma incerta. Mas logo numa noite como aquela! Chato ser pego fora do posto, olho da rua com toda certeza. Mas não era fiscal. Nunca tinha visto aquele homem mais gordo, e, meio desabusado, respondeu que não estava fazendo nada, não, senhor. "Ah, não? Pois então vamos lá dentro, que lá tem muito que fazer."

E o pobre Francisco Landulfo Braga ficou mofando mais de um mês entre o Dops, a Ilha das Flores e o Fernandes Viana, apresentado nos noticiários como elemento subversivo da maior periculosidade e agente internacional. Teve até fotografia numa revista, identificado como um dos cabeças. A cabeça do Francisco!... Só eu sei o trabalho que tive para colocar algumas letras dentro dela, na intenção de ensiná-lo a ler.

Tipos assim existiam aos montes nas celas do Dops, presos pela única razão de estarem soltos. E era com essa espécie de gente que se poderia pensar numa greve de fome em solidariedade aos nove chineses?

IV

No entardecer do dia 5, começaram a surgir rumores, confirmados na manhã de 6, de que alguns presos seriam transferidos do Dops, e as especulações foram inundando corredor e celas que nem rio em tempo de enchente. Quantos seriam transferidos? Quais seriam os selecionados? E transferidos para onde? Para o navio "Raul Soares", que já diziam estar afunda não afunda, tanta a carga humana que havia em seus porões? Para a Invernada de Olaria, onde os presos eram tratados como bichos, qualquer um podendo virar presunto por dá cá aquela palha? Para alguma fortaleza? E surgiam lembranças das leituras de *Memórias do cárcere*, do mestre Graciliano, o horror que eram os porões do "Pedro I". Alguns já se viam mortos de pneumonia nas masmorras úmidas dos fortes, carregando toras de madeira às costas na Ilha Grande. Fantasmas de correntes em quase todos os pulsos e pés.

Eu maldizia a hora em que me haviam eleito secretário do coletivo, pois tinha que ir de um a um procurando levantar-lhes o ânimo quando eu mesmo me debatia em angústias e dúvidas iguais às dos outros, principalmente porque não conseguira descobrir coisa alguma nas sondagens à socapa feita junto aos carcereiros menos hostis. "São assuntos que os chefões não discutem com a gente, que aqui ninguém confia em ninguém. Na hora vocês ficam sabendo." E alguns presos me cobravam a informação, exigiam que eu encontrasse o passe de mágica para avisar as famílias dos que saíssem para outro lugar, não escondendo que meu silêncio revelava incapacidade para o cargo.

Depois do almoço do dia 6, veio a chamada dos que iam ser transferidos, eu entre eles, e creio que não estaria menos pálido do que os outros nem menos tenso do que os que ficavam e mal conseguiam disfarçar a preocupação pela nossa sorte. Amontoaram-nos num ônibus e só depois dele em movimento o funcionário que nos levava (logicamente protegido por um exército de PVs armados até os dentes — PV era uma das muitas corporações da polícia. Polícia de Vigilância, já não existente hoje em dia) comunicou que íamos para a Ilha das Flores.

Guerra de foice na disputa dos lugares junto às janelas. Desejo de ver ruas que talvez nunca mais nos passassem diante dos olhos? Esperança de descobrir algum conhecido, numa das paradas do ônibus, e tentar mandar um aviso para casa? Possivelmente as duas coisas juntas, pois tudo é importante num momento que pode ser o último. Mas azar como aquele nunca vi. Não houve um só de nós que visse um rosto amigo no percurso da rua da Relação à estação da Polícia Marítima, em Botafogo, onde nos esperavam três lanchas. E não foram poucas as paradas na Cinelândia, lugar sempre cheio de gente de teatro, conhecidos de tempos boêmios.

A expectativa dos escravos, nos porões dos navios negreiros, talvez nunca tenha sido tão desesperante quanto a nossa naquelas lanchas. Íamos empilhados, tendo à nossa frente seis PVs de metralhadoras apontadas. Não era dia de mar calmo, os vigilantes cambaleavam a todo instante, e quem podia garantir que, num daqueles balanços, a arma não dispararia? O silêncio era total, como de quem está esperando que o céu desabe em cima e não tem sequer coragem de levantar os braços para proteger a cabeça, pois qualquer movimento podia ser mal interpretado, visto como uma tentativa de revolta, e o fundo da baía seria esconderijo impenetrável para todos nós. E conseguiu ficar ainda maior o silêncio, de quase se ouvir, quando uma das lanchas se aproximou da nossa e ouvimos o grito de um PV de lá, talvez até para aumentar a nossa angústia: "Como é, mestre, tudo de acordo?" "Como manda o figurino", respondeu um dos nossos PVs. O Francisco Landulfo Braga sussurrou ao meu lado, tão baixo que mal lhe percebi as palavras:

— É agora que vão fazer o corpo da gente de peneira, seu Mário. Que Deus nos ajude.

Olhos de criança ganhando brinquedo novo não riem tanto quanto riam os nossos ao nos vermos naqueles alojamentos com oito beliches, roupa de cama limpa, travesseiros, toalha de banho, chuveiros esplêndidos. E maior foi a alegria quando o sargento que comandava o destacamento policial da Ilha das Flores comunicou que às 6 horas iríamos descer ao refeitório para jantar. A expressão soava meio estranha. Refeitório? Que é que nós tínhamos feito de errado para nos darem tanto privilégio? Bolas, dessas regalias tinham gozado os açambarcadores de gêneros alimentícios que ali se encontravam presos e, não sei por que estranha coincidência, foram libertados pelo Supremo Comando Revolucionário no dia 3. Privilégio de bem dormir, em alojamentos que nós mesmos fechávamos por dentro quando achávamos demasiado o vento do mar em frente, de comer a cômodo em refeitório de amplas mesas de mármore, alívio de água gelada, sobremesa de goiabada com queijo, "gentileza da casa" de cafezinho após as refeições. E nada que lembrasse a gororoba do Dops. Nem por sombra. Comidinha caseira feita pelos camponeses colocados ali pela Superintendência de Reforma Agrária (Supra).

Um companheiro que se temperara em outras cadeias, em várias épocas de ascenso da reação, chegou a comentar que era uma vergonha alguém dizer que estava preso. "Isso aqui é melhor do que doce de coco." Tão doce de coco, realmente, que o coletivo discutiu, como primeira reivindicação a ser pleiteada junto às autoridades, um banhozinho de mar, pois já achávamos pouco o corredor de 60 metros por quase 3 de largura, onde se podia passear à vontade, tomar banho de sol quando nos desse na telha, já que éramos os donos das portas.

Incrível a cara de espanto do sargento quando lhe perguntei se na Ilha havia biblioteca, pois, na condição de presos políticos, achávamos importante uma ocupação cultural. O homenzinho não percebeu o quanto de deboche havia na indagação e ficou mais cheio de dedos do que uma centopeia. Não... ali ninguém se interessava por leitura... sabe, os soldados estão sempre se revezando...

mas se eu quisesse, como no dia seguinte ele viria à cidade, podia ver o que tinha em casa, livros, revistas, e trazer para nós.

Quando fui preso em 1968 (o Ato nº 5 começava sua devastação), fui encontrar esse sargento servindo no Caetano de Faria, promovido a capitão, comandante de tropa de choque, e o rápido diálogo que travamos foi meio piada de revista:

— O senhor não muda, hein, seu Mário? Virou, mexeu, tá preso.

— Nem o senhor. Virou, mexeu, tá prendendo.

— Eu fui promovido.

— Eu também. Em vez de me mandarem para o Dops, dessa vez me mandaram aqui para o Caetano de Faria, cartãozinho-postal para enganar qualquer comissão estrangeira que queira conhecer a situação dos presos políticos no Brasil.

A Ilha das Flores era um doce de coco, era, mas em termos de disciplina as coisas não correram lá muito bem. Por coincidência, o pessoal que dispunha de mais dinheiro ficou agrupado no mesmo alojamento. Cada cela tinha seu coletivo, e havia o coletivo geral, formado dos secretários de cada uma das celas, que discutia os assuntos de natureza geral, como resolver as deficiências de cada agrupamento etc. E o alojamento dos endinheirados, pensei, a princípio, que por influência da sensação de liberdade que o mar transmite, se desmandou em despesas, fazendo compras como se estivesse se preparando para banquetes, *campings* de fim de semana, o que provocou mal-estar nos outros alojamentos, onde até o cigarro era racionado, hora determinada para fumar, porque a situação da caixinha era precária.

Coisa patética a reunião do coletivo geral para discutir o assunto! Fizemos ver que aquelas compras nababescas representavam uma atitude egoísta com relação aos companheiros que dispunham de pouco dinheiro, principalmente porque eram gastos inteiramente desnecessários, uma vez que a comida era boa, não havia premência de suplementação de nada. E a explosão da resposta veio mais em lamúria do que em gritos:

— Vocês ainda não perceberam que nos atiraram aqui para o resto da vida? Ou ainda têm esperanças de que vamos tornar a ver a nossa gente? Isso aqui é o fim, pessoal! Estamos fodidos pelos sete lados, ainda não perceberam? Últimos dias de Pompeia no duro, só que nós sabemos que são os últimos. Então, vamos tratar de aproveitar. Quem não tem, paciência. Nós é que não vamos nos privar das coisas. Depois de terem cassado todo mundo, de terem demitido tanta gente, vocês ainda estão esperando o quê? Ficar economizando para quê?

Confesso que aquela explosão de histeria à Dostoiévski me dava vontade de virar a mesa, botar na rua um carnaval sem mais tamanho, mas o Jarbas, metalúrgico mais tranquilo do que água empoçada, teve uma resposta maravilhosa, que não chegou a modificar o comportamento da turma endinheirada, mas serviu para acalmar os ânimos, pois a coisa estava ficando preta e se tornaria insuportável se houvesse uma divisão no coletivo:

— Pelo menos pra morrermos todos juntos, companheiro... pra os que têm não ficarem sentindo o fedor dos corpos dos que não têm.

Mas o ressentimento ficou nos cochichos, e a disciplina ia se quebrando lentamente, porque quem estava nos alojamentos pobres de vez em quando dava uma fugida para o palacete, como o Jarbas chamava o alojamento afortunado, e ali fumava à vontade, saboreava biscoitinhos, doces... Felizmente, uma noite, vieram soltar o Gamaliel, e as gargalhadas serviram para quebrar o gelo que começava a se estabelecer.

Gamaliel era subchefe de uma seção do Instituto de Aposentadoria e Pensão dos Comerciários ou de algum departamento da Justiça do Trabalho, não recordo bem. Nunca entendeu a razão de estar preso, mas procurava acomodar-se à situação com o maior espírito esportivo, não apoquentando ninguém com lamúrias, rindo mesmo quando não havia motivo, "não sou maluco, não, palavra de honra que não sou, mas o riso contagia, um começando a rir, daqui a pouco a coisa vira gargalhada". Grande figura o Gamaliel! Estava no nosso alojamento e escolheu o beliche de cima porque gostava de dormir cedo, e assim podíamos conversar à vontade.

Uma noite, o guarda chegou à porta e gritou: "Seu Gamaliel, chegou a ordem pra soltar o senhor. Se prepara depressa, que a lancha tá esperando." O pobre-coitado levou tal susto que desceu da cama como se estivesse no beliche de baixo, vindo estatelar-se no chão, o que quase lhe impediu a saída, porque precisou fazer curativos e a farmácia da Ilha era precaríssima.

No dia 8, apareceu um oficial graduado para inspecionar os alojamentos. Examinou detidamente as condições dos estrados dos beliches, dos colchões (até recusando alguns, por estarem um pouco velhos), estudando com o maior capricho a entrada e saída de ar em cada alojamento, ditando anotações ao seu bagageiro. Entreolhamo-nos com certo ar de vitória. Até que enfim tinham reconhecido que éramos presos políticos e, de acordo com as leis do país, tínhamos direito a prisão especial. Estive para discutir com ele a reivindicação do banho de mar, mas os companheiros acharam desnecessário, afinal já dispúnhamos de liberdade bem aceitável.

Mas a alegria ia desfazer-se logo depois. Superintendente da Ilha era o Dante, meu companheiro de infância na avenida Henrique Valadares, que, após a saída do oficial, me chamou a um canto meio constrangido:

— Olha, Mário, não espalha pro pessoal não ficar chateado, mas vocês só ficam aqui até amanhã. Amanhã vão pra Frei Caneca. Aqui vai ser presídio pra militares.

— É... eles se protegem.

V

E eis-nos de repente no Fernandes Viana, construído inicialmente para ser manicômio judiciário e mais tarde transformado em depósito de presos à espera de julgamento, embora existam às centenas os que estão ali cumprindo pena. À nossa disposição uma cela de 5 × 6, tendo como única via de comunicação com o corredor três aberturas de 7 cm de comprido por 3 de alto, uma na porta central e duas nas paredes que ladeiam a porta. Dentro da cela, um buraco no chão (boca do boi, na linguagem da marginália), servindo de vaso sanitário, escondido por um muro de no máximo 60 cm de altura; meio metro acima desse buraco, uma bica, utilizada para beber água e atender à higiene, tudo isso com o auxílio de uma única marmita; e os estrados nus em que iríamos dormir.

Para quem chegava do doce de coco que era a Ilha das Flores, embora desfrutado apenas três dias, aquilo representava um tremendo choque. Ainda mais que, ao chegarmos, na cela 29 ficamos apenas cinco gatos pingados, a coisa parecendo ainda mais tétrica do que realmente era. O Oliveira, tio Oliveira, como o chamávamos, ainda tentou uma de bom humor: "Bem, não temos os 60 metros daquela varanda da Ilha, mas, correndo de um lado para outro umas quinhentas vezes, consegue-se manter a barriga na mesma linha das coxas. O negócio é evitar excesso de velocidade, pra não dar com a cara na parede."

A boa intenção não foi suficiente para diminuir a sensação de confinamento total que se apoderou de todos nós; certeza de que, dali, ninguém ouviria nossa voz, nossos reclamos. Sensação que se tornou mais forte quando o sargento de dia veio comunicar as ordens existentes a nosso respeito, ordens expressas e drásticas; não procurássemos conversar com ninguém, porque ninguém ali dentro poderia conversar conosco. Éramos tidos como elementos perigosos e estávamos incomunicáveis. Um companheiro não pôde conter o desespero:

— Aqui é o fim do mundo, gente. Vamos apodrecer sem ninguém tomar conhecimento.

Os poetas causam medo, porque estão quase sempre com a razão, mesmo, e talvez, principalmente, quando parecem loucos. Não sei qual deles, parece que Vicente de Carvalho, tem um poema dizendo que o homem nunca está só, terminando com a afirmação: "ou se está com a saudade,/ só é que nunca se está". As palavras do companheiro desesperado batiam de parede a parede da cela, acachapando-nos, a luz mortiça lá no alto nos deixando com aspecto de fantasmas, mas eu preferia fixar-me na afirmação do poeta. E tanta coisa me dizia que não estávamos sós, apesar das palavras do sargento.

Sim... Em 1932, na minha prisão perto da América Fabril, enquanto os policiais batiam as redondezas procurando outros, deixaram-me numa saleta do Hospital Central do Exército. Era a primeira cadeia, e eu me sentia meio apavorado, receoso até de me levantar para distrair pelo menos as pernas. De repente um sargento parou à porta da sala, olhou para o pátio, examinando-o com cuidado, e disse em tom conspirativo: "Se você tem algum papel que comprometa, rasgue e jogue na latrina. É aquela porta ali, eu fico tomando conta." Eu não tinha papel nenhum, mas foi como se, num instante, aquela sala se enchesse de gente, todos me batendo no ombro em gesto amigo. E o medo sumiu por encanto.

Antes de irmos para a Ilha das Flores, também, enquanto o ônibus não saía, ouvi uma voz me chamando com muito cuidado. Era um PV junto a uma janela dizendo que nas horas de folga tirava de leão de chácara num clube bastante frequentado por artistas, pondo-se à disposição para transmitir algum recado à minha família. Dei-lhe o número do nosso telefone, não acreditando que fosse de algum proveito, dada a pressa com que se passou tudo aquilo. No dia seguinte, vim a saber quando fui posto em liberdade, uma voz telefonou para a minha senhora dizendo que, na véspera, eu tinha ido para a Ilha das Flores, desligando logo a seguir.

Na noite seguinte à nossa chegada ao Fernandes Viana, embora as ordens drásticas quanto a nós, recebi, trazidos por um sargento, três maços de cigarros, um sanduíche de carne assada ao capricho e um pacote de biscoitos. Aquilo me espantou, pois ainda estávamos sem contato com as famílias, e os jornais que conseguíamos mandar comprar (sempre pagando pelo câmbio negro, bem negro) não se referiam à nossa transferência da Ilha das Flores. Quem poderia ser aquele bom samaritano? A explicação do sargento me deixou ainda mais intrigado: "Quem mandou foi um parente da sua senhora, que está preso aqui." Que parente seria esse? E todas as noites chegavam as delicadezas da figura misteriosa, o sargento nada adiantando às palavras da primeira explicação.

O mistério durou diversos dias. Certa noite, o sargento veio me chamar. Um chamamento àquela hora me deixou com a pulga atrás da orelha. Acordei todos os companheiros, deixando-os de sobreaviso, pois não sabia para onde nem para que me chamavam. O sargento nos tranquilizou, "que não era nada demais, não, dali a pouco eu estava de volta". E foi me conduzindo por uma porção de corredores, entrâncias e reentrâncias, até pararmos diante de um mictório. "Entre aí, seu Mário, que agora o senhor vai ficar sabendo de tudo." À minha frente estava um homem de meia-idade, charuto plantado no canto da boca, ar um tanto encabulado, e que, antes de qualquer cumprimento, foi logo pedindo desculpas.

— Desculpas de quê?

— De eu ter dito que sou parente da sua senhora. Era o único jeito de poder lhe mandar aquelas coisas.

— Isso não é razão pra pedir desculpas.

— É que eu sou bicheiro, sabe? O senhor é gente distinta...

E veio a história mais linda, que só podia mesmo sair da cabeça de gente do samba. Ele era compadre do João da Baiana, grande pandeirista e compositor, amigo de Pixinguinha desde o tempo dos chorões e de sambista caçado pela polícia como malandro, e meu colega na Nacional. João soubera por um soldado seu vizinho que eu me encontrava no Fernandes Viana.

— E bateu um fio pra mim... eu trabalho na secretaria... sabe, bicheiro tem letra bonita, não é mesmo? Telefonou dizendo: "Olha, compadre, é um colega meu que tá preso aí, gente que mora no meu lado esquerdo. Faça por ele o que faria por mim se eu estivesse na situação dele." Pedido do compadre João pra mim é uma ordem. Conte comigo pro que quiser.

E doze dias depois os fatos mais uma vez davam razão ao poeta: "só é que nunca se está". Durante o passeio ao sol, o coletivo resolvera que seria feito um memorial ao ministro da Justiça para ser distribuído também à imprensa, denunciando as condições em que estávamos vivendo. Afinal de contas, o ministro da Justiça era Milton Campos, signatário do Manifesto dos Mineiros, momento dos mais importantes na luta contra o Estado Novo.

Inicialmente se pensou num documento assinado por todos os presos. Somávamos perto de duzentos no Fernandes Viana, e isso não é número que mereça desprezo. No entanto, a ideia foi logo posta de lado, pois ainda éramos vizinhos que não se conheciam muito bem e, ao caldo de galinha e prudência recomendados pelos antigos, havia de se pensar na segurança. Um abaixo-assinado de todos exigiria discussão em cada cela, debates sobre os termos do memorial. Além do perigo de o segredo atravessar a porta de aço, havia o inconveniente do tempo que ia ser perdido até se convencer os iludidos — e como eles existem aos montes! —, os que julgam que favorece alguma coisa quererem tirar prêmio de bom comportamento depois de caídos lá dentro. E havia pressa de se fazer a denúncia, não só visando à resolução do nosso caso particular como — e isso era da maior importância —, para ajudar os amigos que trabalhavam aqui fora, como a Comissão de Defesa, instalada na Associação Brasileira de Imprensa. Resolveu-se, então, que o documento seria assinado pelos secretários dos coletivos das celas. Mas a tarefa não era nada fácil. Celas fechadas, ninguém se aproximando de nós para conversar... Teríamos que esperar o próximo banho de sol, dali a três dias, tempo perdido como quê.

— Podem deixar que eu tenho como resolver esse assunto hoje de madrugada. Alguém que já está conversado.

— Deixa de ilusões, rapaz. Você fica na cela 39, do outro lado da galeria. Tem a grade de ferro da sua ala, a saleta onde fica o guarda de plantão, a outra grade de ferro da nossa ala, e só depois as nossas celas. Vais tirar uma de homem invisível?

— Estou dizendo que vocês podem deixar. Só se der muito azar é que a coisa não sai hoje de madrugada mesmo.

E como saiu! No primeiro momento foi o sobressalto. Mais do que isso: realmente susto. Logo depois, por causa do despertar brusco, às sacudidelas, as ideias tumultuadas. E, por fim, a dúvida. Dormindo? Ou morto? Nada de extraordinário se fosse a segunda hipótese. Morto enquanto estava dormindo. A conversa de noite, na cela, tinha sido toda em torno da suposição levantada por um companheiro que via tudo sempre pelo pior. Sobre a porta das celas existe uma grade que dá para um corredor suspenso. Olhando por aquela grade, os guardas têm uma visão completa da cela, usando isso para o confere das galerias onde estão os elementos considerados mais perigosos, capazes de matá-los ao se pegarem no corredor para a chamada. Mas o nosso pessimista não aceitava a explicação com que procurávamos acalmá-lo.

— Pois é, eles têm uma visão completa da cela. Aí é que está o perigo. Assim como podem contar os presos também podem atirar, que eles andam sempre armados. Não é o filho do meu pai que consegue dormir sossegado aqui, palavra de honra. Tenho sempre a impressão de que durante a noite, a gente ferrado no sono, eles se enfileiram lá em cima, metem as metralhadoras pela grade e trrrrrrrrrrrrrrrrrr.

O pessimista estaria mesmo com a razão? Sim, aquilo de branco debruçado sobre mim bem poderia ser um fantasma. Pelo menos era branco, como nas histórias ouvidas em criança. E falava com uma voz que parecia vir de muito longe: "Acorda, Mário, que eu não tenho muito tempo." Não tinha muito tempo... É, positivamente, acontecera o que o pessimista tanto receava. Deslealdade se aproveitarem de estarmos dormindo para fazer aquilo. Sujeira da grossa. Sem nos darem tempo para uma palavra de adeus a ninguém, para dizermos alguma coisa que um historiador aproveitasse amanhã. O fantasma deve ter percebido que eu estava inteiramente atordoado, pois me sacudiu com bastante força:

— Está dopado, rapaz? Que é que há? Acorda, vamos. Sou eu... da cela 39. Eu não disse que resolvia esse negócio hoje de madrugada mesmo? Todo o pessoal da minha ala já assinou.

Ah, sim... Eu ainda procurei saber como fora conseguida aquela mágica, como ele saíra de sua cela, atravessara duas grades de ferro e estava agora dentro da minha cela. Mas o guarda, à porta, recomendou pressa, de repente podia haver alguma incerta...

— É verdade, eu preciso voltar pro meu canto, porque pode surgir um imprevisto e o nosso amizade ali é que acaba entrando bem. Lê e assina pra ele levar pros outros. Quando ele sair do serviço, amanhã, vai entregar nos jornais.

"Só é que nunca se está", com que sábia loucura dizia o poeta. Pelas mãos de um guarda saiu o documento assinado pelos responsáveis de celas, publicado nos jornais de 21 de abril:

> Somos presos políticos colocados no Depósito de Presos Fernandes Viana, do Instituto Félix Pacheco. Queremos chamar a atenção e solicitar o cuidado de V. Excia. para as condições arbitrárias e desumanas em que nos mantêm encarcerados.
>
> Somos cerca de duzentos presos políticos nesta prisão. Dividiram-nos em grupos que variam de vinte a trinta pessoas. Cada grupo está preso em regime de incomunicabilidade, numa peça de 5 × 6 metros a que se chama cela. Não há móveis. Apenas tábuas de madeira rústica, para não dormirmos no chão de

cimento. Não há divisões. Apenas um muro baixo, com menos de um metro, para que o vaso sanitário não fique inteiramente exposto. Nesta peça estamos dia e noite, comemos, dormimos, atendemos a todas as necessidades de nosso corpo.

Há de compreender, V. Excia., a situação humilhante em que nos colocaram, obrigados à maior promiscuidade, sem as mínimas condições de conforto e higiene exigidas pela condição humana. O fato é mais gritante quando se constata a presença, entre nós, de pessoas idosas, com mais de 60 e mesmo 70 anos, e pessoas enfermas, cuja situação se agrava em virtude de termos sido presos com a roupa do corpo, muitos no trabalho ou na rua, sem possibilidade de trazer para a prisão sequer a escova de dentes.

A maioria de nós foi presa nos três primeiros dias de abril. Em geral, todos estamos aqui há mais de dez dias. A privação de toda liberdade, embora nos doa e humilhe, faz muito mais dano a outras centenas e milhares de pessoas que não estão aqui. Ela representa já ameaça à subsistência da família da maioria dos presos, constituída de trabalhadores modestos, cujo salário mal dá para as despesas da feira e do aluguel, e cujos patrões não terão escrúpulos em valer-se do pretexto da ausência ao trabalho para despedi-los sumariamente.

Quase todos fomos "detidos para averiguações", com a promessa de que seríamos devolvidos à liberdade no mesmo dia, desde que não ficasse demonstrada nossa participação numa alegada "conspiração comunista". Mas não fomos sequer ouvidos até agora, e não há notícia de que o seremos a breve prazo. E quase todos fomos presos de modo abusivo — por estar lendo na rua determinado jornal, por nosso nome constar de algum caderno de telefone, ou por termos expressado, oralmente ou por escrito, na rua ou privadamente, opiniões favoráveis ao Governo deposto, à paz, democracia, independência nacional ou à justiça social, quando estão em vigor as liberdades democráticas asseguradas pelo art. 141 da Constituição.

Os que assinam esta carta, falando em seu nome pessoal, mas expressando o sentimento de todos os que se encontram na situação relatada aqui, conhecem e respeitam o nome de jurista que V. Excia. construiu em muitos anos de atividade pública. É por conhecê-lo e respeitá-lo que lhe dirigem esta carta, para denunciar-lhe o abuso e a desumanidade que se cometem no Depósito de Presos Fernandes Viana contra os presos políticos. Confiamos em que V. Excia., fiel a seu passado digno e honrado, usará de suas atribuições neste Governo para interceder no sentido de que nos seja imediatamente devolvido o mais elementar dos direitos do homem: o direito à liberdade.

O memorial foi publicado no dia 21 de abril (*Correio da Manhã e Última Hora*) e no dia 28 produzia seus primeiros frutos. A direção do presídio concordou em que as celas ficassem abertas das 7 da manhã às 5 da tarde, mas sem que ninguém saísse delas. Afinal, o mundo não se fez num só dia... Por medida estratégica, aceitamos a exigência. Era preciso conceder-se alguma coisa, no momento, para se conseguir mais adiante o que constituía a nossa verdadeira reivindicação. E essa segunda vitória foi conquistada no dia 2 de maio, quando, após novos entendimentos, foram permitidas as visitas intercelas, com escalonamento de dois presos por vez, tudo sob organização e responsabilidade do coletivo.

VI

Desde a chegada ao Fernandes Viana, começamos a nos bater pelo direito do passeio ao sol. Não foi uma conquista fácil, embora isso seja praxe elementar em qualquer regime penitenciário — a prova é que os presos comuns gozavam desse privilégio. A direção do presídio se agarrava ao argumento de que estávamos incomunicáveis. Contra-argumentávamos que aquilo era banimento, coisa, aliás, descabida, já que, a partir da segunda semana, podíamos receber comida e roupa das famílias, a exemplo do que acontecia com os presos do Dops. E se para eles a incomunicabilidade só passava a vigorar da porta da carceragem para dentro, podendo andar livremente pelo corredor, ir de cela em cela, por que nós havíamos de suportar o rigor daquele trancafiamento, sem podermos nos comunicar com os outros companheiros, mesmo através daquelas aberturas ridículas? Chegamos a exigir que a direção do presídio se comunicasse com as autoridades competentes, aventando a hipótese de uma greve de fome, caso não fôssemos atendidos. A razão que alegávamos era a de saúde. Mas havia outra, muito mais forte: precisávamos saber melhor quem era quem ali dentro.

Que cada dia chegava mais gente não havia a menor dúvida. Era rara a noite, por coincidência sempre já tarde, em que os faxineiros não iam de um lado para outro arrastando estrados para as celas que iriam ser ocupadas pelas novas levas. Mas que dificuldade para se descobrir quem tinha chegado! A luz do corredor das galerias era apenas para constar, na penumbra não se tem uma exata noção de onde vem a voz, de modo que nem nós os víamos direito nem eles nos ouviam em condições. E veio finalmente o primeiro passeio ao sol, confirmando a impressão que já começáramos a ter ainda no Dops, nos primeiros contatos com os que iam chegando, no que analisávamos das prisões efetuadas.

Durante anos, o país vivera sob o impacto da indústria do anticomunismo — esplêndida fonte de rendas e verbas secretas até hoje —, mobilizando opinião pública, ou pelo menos tentando, pelo rádio, imprensa, televisão, cinema e mais veículos houvesse. Lembro-me de uma novela gravada na Rádio Nacional, por conta da embaixada americana e para ser distribuída pelas estações do interior, tendo como tema a Revolução Cubana. A impressão era de que, a qualquer momento, comunistas cairiam do céu (talvez até Deus estivesse sendo inocente útil), surgiriam do centro da terra, trazendo o fogo da pirosfera para apressar a destruição geral. As CPIs instaladas para apurar o dinheiro investido nessa indústria sempre foram verdadeiras palhaçadas. E quando convocaram os acionistas para distribuição dos dividendos... os pobrezinhos não iam além de Cr$ 2,50. Haviam feito pesca de arrastão para encher as cadeias, assustar os desprevenidos e os investidores com números, e quando a rede chegou à praia... sardinha, sardinha só.

Perigoso a mais não poder era o José Emídio de Jesus, preto de doer a vista. Dos casos mais característicos da bestialidade vivida naqueles dias. Pouco menos do que débil mental, não chegando a ter uma consciência humana do que lhe estava acontecendo, dominando pouquíssimas palavras. Talvez um tipo anterior ao *Pithtecanthropus erectus.* A começar porque não era inteiramente erecto. Os ombros arqueados faziam com que as mãos lhe chegassem quase aos joelhos. Andar vacilante, os pés sempre hesitando antes de arriscarem o passo, criança que tivesse deixado de engatinhar faz pouco. E o falar não chegava a ser expressão oral. Mais mordia as palavras do que as pronunciava. Tanto se lhe dava que as celas estivessem abertas ou fechadas, que houvesse ou não passeio ao sol. Não saberia o que fazer ou não sentia necessidade de fazer nada em nenhuma circunstância.

Veio junto com os camponeses de Capivari, no estado do Rio. Mas não era lavrador. Fazia pequenos serviços aqui e ali, biscateando entre os que trabalhavam a terra. Tinha sido preso na estação de Engenheiro Pedreira por uma patrulha do Exército, justamente porque não encontrara as palavras para explicar o que estava fazendo ali, com certeza repetindo o gesto que costumava ter quando os companheiros insistiam para ver se ele aprendia pelo menos o alfabeto: acabava batendo com as mãos nos ouvidos como se estivesse irritado, imitando uns grunhidos, e acabava tudo em gargalhada. As autoridades devem ter visto nisso um desafio. José Emídio de Jesus. Para todos nós. Para ele, Zé Omidi de Jejus, pois nem o próprio nome sabia dizer direito. Tinha oito filhos, o mais velho com 13 anos. "Moisé. Dos otro só sei o pilidi."

Era tão perigoso o nosso Emídio — e a prova é que mofou cinquenta dias no Fernandes Viana — que um dia os companheiros, de brincadeira, mostraram-lhe uma fotografia de Carlos Lacerda perguntando se ele sabia quem era. Riu como fazia diante de tudo que lhe mostravam. Não era bem um rir, mais um arreganhar de gengivas, que dentes já não tinha há muito tempo. E, depois de muito rir, veio a pergunta-resposta do homem que a patrulha do Exército, na estação Engenheiro Pedreira, concluiu que fosse talvez o líder dos camponeses, o homem que conduziria a reforma agrária e que só podia estar na gare da estação à espera dos companheiros com que ia internar-se no mato e iniciar a guerrilha rural:

— O Bijoli, né?

Perigosíssimos os companheiros daquela cela que quase não participou das comemorações de 1º de Maio. O coletivo geral havia resolvido que a data devia ser comemorada condignamente. Caía em dia de passeio ao sol. Se não chovesse, faríamos a comemoração no pátio. E o programa constava de: Hino Nacional (não havia nas celas ambiente para ser cantada "A Internacional", como diversos pretenderam), pequena explanação sobre a data, o que ela representa para os trabalhadores e, finalizando, o Hino dos Presos Políticos do Fernandes Viana. Se chovesse, a comemoração seria dentro das celas mesmo. A programação foi submetida a todas elas, para aprovação. A 26 respondeu que não participaria daquelas comemorações. Iriam pedir autorização ao diretor do presídio para cantar... o Hino Nacional.

VII

Uma das coisas que as autoridades do Fernandes Viana não compreendiam nunca: que tanta gente não desse trabalho, não vivesse em brigas (coisa de rotina diária nas celas dos presos comuns, até com mortes), aceitando que três ou quatro resolvessem tudo. Mal sabiam elas que não havia nada que não fosse discutido e resolvido coletivamente, que não se tornasse um problema geral. Como o da despensa da cela, por exemplo. Com que alegria cada um que recebia qualquer coisa da família vinha entregá-la ao despenseiro. Às vezes, até, era necessário tato para recusar o oferecimento sem ofender: duas maçãs, três pastéis... nunca poderiam ser divididos por tanta gente. Ah, a alegria do Hélio Almeida, lavador de carro de um bacana, junto com quem foi preso (só que o bacana saiu logo e ele mofou quarenta dias), ao voltar da única visita que recebeu durante a temporada no Fernandes Viana: "O pessoal da pelada lá da Lavradio. Agora eu vou comer do coletivo mais à vontade. Eles me trouxeram umas maçãs, já posso contribuir."

A cela milionária era a 30, onde estavam dois dirigentes sindicais dos aeroviários, pilotos da Panair. Tinham sido grandes figuras na luta pelo aumento salarial na empresa. Quando os colegas de trabalho tomaram conhecimento das suas prisões, resolveram destinar 10% do aumento conseguido para a caixinha que, às segundas, quartas e sextas-feiras, mandava encomenda para eles. Que montanha de embrulhos se formava à porta da 30! Em compensação, havia as que não recebiam nada, como as dos camponeses e algumas outras, que viviam da ajuda de algumas celas mais afortunadas, às vezes até da gentileza de um ou outro preso. A abertura das celas possibilitou justamente a criação da despensa geral, que redistribuía o que era recebido, de modo que todas se sentissem amparadas.

Após a entrega das encomendas, o coletivo geral visitava cela por cela verificando o que sobrava aqui, faltava ali, e tudo se acomodava, e nos dava a convicção de sermos cada vez mais nós, a palavra coletivo ia ganhando um sabor mágico, uma autoridade na qual se podia confiar, e acabou por se impor até à direção do presídio, obrigada a reconhecer que a nossa organização lhes facilitava o serviço, e não se sentiu diminuída em parlamentar com os presos, vindo mesmo à nossa cela, por exemplo, debater o protesto que havíamos feito contra o inopinado retorno ao trancafiamento — explosão histérica de um sargento que, no fundo, não se conformava com um regime a que não estava habituado, os presos andando pelos corredores — e terminou por nos dar razão, mandando reabrir as portas.

Nas últimas semanas que passei no Fernandes Viana, o "confere" na Galeria C, onde estavam os presos políticos, era feito da própria porta das celas. O confere é um dos cerimoniais mais deliciosamente grotescos do presídio. Lá pelas 9 horas da noite, as celas são abertas, uma de cada vez, e seus ocupantes colocados no corredor, em fila por dois, sob as vistas de um sargento e dois praças. A chamada é feita por um preso comum de bom comportamento e que por isso ajuda nos serviços administrativos em troca de comida menos pior e cela especial, sempre aberta e com cama de lona, tendo ainda direito a ir visitar a família de quinze em quinze dias. À proporção que os nomes são apregoados, seus donos voltam à cela, que é fechada pelos guardas na certeza de que naquele dia ninguém fugiu. Todos esses cuidados não evitaram que, da Galeria D, fugissem onze presos de uma só vez.

Conseguida a abertura das celas, foi possível desenvolver o programa cultural e recreativo que tínhamos em mente, embora as celas fechadas não chegassem a constituir nenhum fim de mundo a partir do momento em que já se organizou a vida, mesmo na estreiteza de 30 metros quadrados. Na cela 29, por exemplo, ainda vigorando os dias de confinamento, houve palestras do Dalmo e Jarmelino sobre a maneira como funcionam os Correios e Telégrafos; do Valdir, assalariado agrícola, sobre o trabalho no campo, os melhores períodos de plantio; a muito custo convencemos o Varela a esquecer os incidentes da sua prisão e dar uma audição de fados, retribuída por serenatas do Jarbas, que conhecia todo o repertório do Albenzio Perrone, e recitais poéticos do tio Oliveira, apreciador fanático da declamação dos velhos tempos. E foi ainda no período de confinamento, as celas se abrindo apenas para apanharmos o café da manhã, as refeições e o confere, que surgiu aquela ideia.

Só nos víamos durante o passeio ao sol. Isso nos deixava afastados uns dos outros. Era preciso criar um elo mais forte, alguma coisa que fosse passando de cela em cela para reanimar, despertar. "Tá aí, você que é músico, podia ver isso. Uma música. Vê se destrincha esse negócio até depois de amanhã, dia de passeio. Vai ser uma bruta farra no pátio." Numa fração de segundo, a cela toda se empolgou com a ideia. O café da manhã já foi tomado ao som do hino, que nasceu durante a noite, ainda com as hesitações dos primeiros ensaios do nosso coral, "que mais devia se chamar coural", comentava tio Oliveira, "pois todos merecem uma surra de couro cru, de tão ruins".

Das outras celas se escutava a cantoria. E vinham recados pelos faxineiros mais camaradas: "que negócio era aquele?", "que é que nós estávamos cantando?". A audição no pátio do Fernandes Viana foi um sucesso. Num instante se tiraram dezenas de cópias e se formaram grupos ensaiando. Dias depois, já todos afinados, era nosso bom-dia de cela para cela, os versos ainda refletindo a ingenuidade das primeiras análises, a ilusão de que aquilo não iria longe, como não tinham ido Aragarças, Jacareacanga. Mas era, inclusive, uma forma de respondermos a alguns guardas que tinham a triste mania de bater as portas das celas como se esbofeteassem. A porta batia e o canto irrompia violento, protesto e afirmação:

Companheiros, acordem!
Companheiros, de pé!
Começou a despontar   bis
nosso sol retangular
já é hora do café
(que nos serve o José)
Mais um dia sem liberdade,
mais um dia na prisão, mas contentes pois já vemos
a derrota da reação
Somos todos firme rocha
ninguém pode desunir
barra suja barra limpa
haveremos de existir   declamação ritmada
da marmita não comemos
ninguém quer se desmilinguir
mas sorrimos pois sabemos
(Cantado) que eles não podem dormir

O torneio intercelas, de damas, empolgou a turma, principalmente o Nascimento, que era craque no jogo e vivia de asa murcha, preocupado com o que os amigos poderiam estar pensando e dizendo por ele ter sido preso, não aceitando por nada deste mundo a explicação de que prisão política não envergonha ninguém. Mas o torneio de damas o tirou da fossa e a 29 foi campeã graças a ele.

A palestra do doutor Edler, do Serviço de Assistência Médica Domiciliar e de Urgência (Samdu), foi sucesso comentado durante muitos dias. Ele trocou em miúdos o mistério da vida, desde o ato sexual até o parto, com explicações sobre ovulação, períodos propícios, encontro do espermatozoide com o óvulo a ser fecundado. E a pergunta veio inesperadamente do fundo da cela, sem nenhum propósito, talvez até para tornar a coisa mais divertida:

— Doutor, por que que mulher da vida não tem filho? Passa o dia dando.

— Como não tem filho? A cidade não está cheia de dedo-duro? Dedo-duro o que é, senão filho da puta?

Galvão, velho homem do cais, no seu jeito largado de falar, foi vedete na tarde em que, descrevendo como é a organização da estiva, recordou um tempo em que era duro trabalhar com aquela gente agitada, sempre pronta para o que desse e viesse. E contava, morrendo de rir, a vez em que fora presidir uma assembleia num estado do Nordeste.

— A sala tava botando gente pelo ladrão, todo mundo com cara de quem tá só esperando a hora de começar o arranca-rabo. Mas o negócio não era brigar, e sim encaminhar a discussão, achar como resolver os assuntos que tavam em pauta. Diante daquele ambiente carregado, não tive outro jeito. "Olha aqui, pessoal, eu sei que todos vocês tão com uma peixeira na cinta. Mas ninguém veio aqui pra brigar nem pra mostrar que é mais valente do que ninguém. Minha 45 tá em cima da mesa, agora vamos começar a assembleia em paz."

Interessantes poderiam ter sido as aulas de luta livre dadas pelo Waldemar Santana, preso por dois oficiais de Marinha que não acreditavam que o bom crioulo tivesse ido ao Sul fazer uma luta, preferindo a versão de que ele era segurança do ex-deputado Elói Dutra. Suas demonstrações durante a palestra (porque só chegou a haver uma) deixaram todos os seus *sparrings* sem condições musculares por muitos dias, o que provocava um comentário ingênuo do nosso lutador:

— Esse pessoal parece que não está em forma. Uma coisinha de nada.

VIII

Às vezes, uma vida assim, planificada, exige medidas drásticas, que só mesmo a compreensão torna aceitáveis, como aquela que o alojamento 405 da Ilha das Flores foi obrigado a tomar quando se verificou que o dinheiro em caixa estava no fim e o pessoal quase não tinha mais reserva particular para futuros rateios. Não sabíamos quando seria possível contato com as famílias. Era preciso partir para uma economia violenta, de aperta-cinto até o último buraco. E o jeito era racionar os cigarros. Depois de muita discussão, ficou decidido que só se fumaria de três em três horas.

Mas o Peres Prado era um fumante incorrigível. Com o dinheiro que tinha reservado para sua economia particular, comprou um maço de cigarros. E lá pelas tantas não se aguentou:

— Vocês me desculpem, mas eu tô com os nervos estourando, sabe? Hoje é o dia de pagar a televisão, não sei como é que a patroa vai se arranjar. Do resto do meu dinheiro comprei um maço de cigarros...

Parou meio sem jeito ao perceber que todos o olhavam mal disfarçando a censura. Depois, forçando um sorriso que não sentia:

— Uma rodadinha extra. É do meu, não vai prejudicar a charutaria geral — acrescentou, querendo transformar a proposta em piada.

Os protestos não demoraram. Já tinha sido discutido, votado, todos estavam de acordo que só se fumaria de três em três horas. Aquilo podia acabar dando encrenca da grossa, que o Peres era nordestino estourado e além de tudo tinha lá seus problemas. O Jarbas, sempre tranquilo, me pediu licença para fazer um teste (eu era o secretário do coletivo do alojamento).

— Tá certo, Peres. Se é do seu, comprado com seu dinheiro... que é que se vai fazer? Pena que bote abaixo uma coisa que a gente resolveu, mas não há de ser nada. Tem fósforo?

O Peres já começou a ficar meio pau, meio tijolo, diante dessa pergunta, como se sentisse que estava sendo posto à prova e não correspondendo. Aceitou o fogo depois de vacilar um pouco. Tirou umas duas baforadas. Sorriu, olhando em torno para demonstrar alívio. E nós, como quem não está tomando conhecimento de nada. Ele tentou amenizar a coisa estendendo o maço, numa espécie de suborno, como se procurasse cumplicidade para a indisciplina.

— Vamos fumar, pessoal. Só um. Podem tirar.

E, por fim, vendo que ninguém lhe fazia companhia (vontade até que não me faltava, pois nessa época eu fumava quatro maços por dia):

— Bem... se vocês não vão fumar... eu também não fumo. Era bobagem mesmo, não é? Só porque eu tô muito nervoso hoje... o negócio da televisão... O maço tá aí... fica pra reserva.

Problema a dar com o pau era quando chegavam novas levas do Dops. Vinham habituados a transitar livremente pelo corredor da carceragem, mesmo porque não havia muito onde ficarem, tanta a gente que estava lá. E nem sempre se tornava fácil conter o impulso natural dos recém-chegados de irem de cela em cela procurando pelos amigos que lá estariam, convencê-los a ficarem pacientemente à espera da volta dos dois que tinham saído antes... "Isso aqui é colégio ou o que é que é?", perguntavam muitos, antes de compreenderem que o regime que encontravam constituía uma vitória do coletivo, pois éramos os únicos presos a desfrutar daquela regalia num presídio onde a norma é o confinamento celular. Não era nada fácil enquadrar essa gente na nova realidade. Verdadeiro trabalho de fiscal de colégio vigiando os corredores para evitar aglomerações, pois qualquer indisciplina poderia tirar-nos o privilégio conseguido com tanto esforço, como já acontecera com uma das celas, no segundo dia em que tinham sido abertas, ainda com a condição de ninguém sair.

Um companheiro — secretário de uma das celas e membro do coletivo geral —, aproveitando a distração dos guardas, começou a visitar as celas para ver se estava tudo em ordem, se as despensas estavam abastecidas. E, na passagem de uma cela para outra, como o guarda que lhe dava cobertura também se distraiu, foi pilhado em flagrante justamente por um dos carcereiros que não aceitava aquela "bagunça", segundo expressão sua. "Tenho mais de cinco anos dentro dessa joça e nunca vi preso fazer 'trotuar' pelos corredores." O incidente não teria maior importância, pois o sargento de dia era um tipo camarada, até compreensivo além do que o ofício permite. E não estava tendo realmente. A conversa entre ele e o companheiro surpreendido em passeios estava se processando normalmente, até cordial, as explicações já quase aceitas, quando outro companheiro — rompendo a regra de que só o secretário parlamenta com as autoridades, pois todos falando acaba virando tumulto e nada se resolve — se intrometeu na conversa e entornou o caldo. Foi o suficiente para que aquela cela ficasse fechada durante dois dias, o que ocasionou uma carta de protesto ao diretor e nova visita sua à nossa cela para discutir o assunto.

O pessoal da Leopoldina trazia uma verdadeira antologia de casos pitorescos e, qual trovadores medievais, iam de cela em cela contando-os. "Gestas ferroviárias", assim o tio Oliveira denominava essas narrativas. Como a daquele operário que chegou à Barão de Mauá, quando já havia uma porção de colegas presos, cercados pela polícia, e entre os tiras havia um que frequentava muito a Leopoldina, misturado com os operários, passando mesmo por um deles. Mal o Ceará (se não me falha a memória era esse seu nome) se aproximou do grupo, a fim de ver quem estava preso para depois avisar as famílias, o tira foi ao seu encontro.

— Então era você que carregava a bandeira do sindicato nas passeatas, não é?

— Que negócio de bandeira é esse? Nem sei o que é isso.

— Sabe, sim, velho. No comício da Central, você disse até que era uma questão de honra ir carregando aquilo.

Tinha-se propósito lembrar um assunto assim numa hora em que estava tudo preto! E o Ceará disse, entredentes, procurando ser o mais conspirativo possível, certo de que falava a um colega:

— Olha os homens aí, ô, cara. Tá querendo me entregar? — e, diante da insistência do outro, que levantava cada vez mais a voz: — Ih, já vi que o negócio é pra engrossar. Eu vou é caindo fora, que você tá querendo me ver espiando sol quadrado. Já não te disse que os homens tão aí? Não fica tu também de alegre dando sopa, não. Vai caindo fora, que o negócio tá de fufa. Cai fora, mas não me entrega.

Havia as histórias que traíam o sabor da mentira, mas que, naquele ambiente pesado, sempre serviam para sacudir o chumbo da cabeça, como a do caçador de paca, aquele que, no interrogatório, procurando justificar a presença de uma arma em suas mãos quando foi preso, explicou que, como o pessoal estava em greve, resolveu ir caçar no Alto da Serra, coisa de seus hábitos sempre que pegava uma folga. No que chegou lá em cima, viu umas folhas de mandioca com umas mordidas esquisitas. Caçador manja essas coisas de longe. "Isso é mordida de paca. E logo paca, seu doutor, que me deixa a boca cheia d'água só em falar. A patroa prepara a bichinha de um jeito que só o senhor vendo. Tava pra mim. Me danei seguindo o rastro. De um momento pra outro, ia dar de cara com ela, era só seguir a trilha. Já deixei a espingarda no jeito, pra não perder tempo quando ela desse as caras. Era ver e pum! As patinhas dela estavam marcando o caminho no mato molhado. Só seguir. E lá fui, seu doutor, quase cheirando o chão, de tão agachado, sem nem reparar por onde estava andando. Quando levantei a cabeça pra tomar direção, que o rastro da bicha tinha desaparecido... estava na Barão de Mauá."

Mas no conversa aqui, puxa papo ali, pega xepa de uma revelação além, algumas histórias foram sendo registradas para mostrar como estava coberta de razões a Brigitte Bardot quando disse com aquela carga de ironia de que só os franceses são capazes: *adorable votre révolution.*

IX

Foi entre estranhando e preocupado que o Pedro Paulo Sampaio Lacerda, bancário e ex-participante da FEB, viu a porta da cela se abrir com tamanha violência, como se fossem botar o quartel abaixo, e surgirem o sargento e três praças, metralhadoras já engatilhadas, todos eles com cara de poucos amigos, mas tão e tanto que assustavam mais ainda do que as próprias armas.

— Tira a roupa! Nu em pelo! — vociferou o sargento, enquanto os praças avançavam, quase em marche-marche, em direção às suas costelas, para uma cutucada que evitasse ou desencorajasse qualquer tentativa de argumentação.

— Tira a roupa! Nu em pelo!

Apesar da tensão em que se encontrava, sorriu por dentro, não podendo impedir a lembrança dos tempos de adolescente, quando ia com os colegas ver o nu artístico nos espetáculos de gênero livre que infestavam a cidade na época. Era com aquela mesma selvageria que ele e os outros gritavam para que a mulher do *strip tease* (naqueles idos ainda não havia Coca-Cola, chiclete estava chegando de pouco, chamavam mesmo de nu artístico) tirasse a última peça de roupa, que ela sempre deixava mais tempo para aumentar a sensação.

Mas por que aquele destempero assim tão de repente? Até o momento, a bem da verdade, a prisão estava decorrendo num clima razoavelmente humano, bem diferente de outras, em passados tempos. As metralhadoras, de tantas que já tinha visto desde a invasão do seu escritório, não davam sequer para preocupar, quanto mais para assustar. Chegavam a parecer brinquedos, tal a facilidade com que apareciam ao mesmo tempo e em tantas mãos. De chocante, mesmo, só aquela frase gloriosa e altamente bélica do tenentinho Portela. Sim, um homem igual àquele, tão sumidinho, a pele tão se escondendo atrás dos ossos, não chegava a constituir positivamente um tenente.

Fora durante a busca na sua casa, depois de deixarem seu escritório transformado numa verdadeira cova de cacos, que o inho quisera mostrar que tinha alguma coisa terminada em ão. A esposa de Pedro Paulo não pudera conter uma reação de dignidade enojada diante do que estava acontecendo.

— Chega a ser um crime o que os senhores estão fazendo com meu marido. Um crime mesmo. Ele já teve três enfartes. Ainda na semana passada...

— Ah, é? Enfarte? Pois desta vez vai morrer mesmo.

A não ser isso — que até seria bom se pudesse esquecer, pois afinal de contas tinha estado com a FEB na Itália, conhecera outro tipo de oficiais, bem mais gente —, a não ser isso ia tudo correndo quase como manda o figurino. Durante a busca, tinha até podido apanhar o remédio que levava sempre, prevenindo-se contra uma crise que pudesse surpreendê-lo na rua. E já no quartel, quando levado para a cela, fora entre pedidos de desculpas que o sargento encarregado de fazer a revista dissera que ia levar tudo que tinha encontrado nos bolsos. Infelizmente, a ordem era não deixar nada. Então, por que aquela mudança?

— Tira a roupa! Toda!

E o mesmo sargento, tão delicado havia poucos minutos! Por acaso teria acabado acreditando nas bobagens de seus superiores, coitados, que atribuíam a ele, Pedro Paulo, a responsabilidade por um dispositivo militar capaz de dominar o Brasil e as repúblicas limítrofes sem nenhum problema? Não era possível. O sargento... não que tivesse um ar inteligente... mas tinha pelo menos uma aparência compreensiva, bem diferente daquela gente que fora obrigado a aturar antes de ir para a cela. Talvez pudesse parlamentar. Numa conversa-puxa-conversa talvez chegasse a demonstrar que sua plástica não era das mais recomendáveis por causa do defeito na perna.

— Tira a roupa! Toda!

Inútil qualquer resistência. Tentativa que fosse. O sargento saíra de sua cela Dr. Jekyll e voltara Mister Hyde. A formação de ataque que via à sua frente era impecável. Entendia disso desde a campanha na Itália. Bastaria um gesto e aquelas armas cantariam à solta. Para que fazê-lo? Virar peneira ingloriamente, sem ninguém que testemunhasse a brutalidade?

— Os sapatos também!!!

Cada vez mais pontos de exclamação na rudeza da voz, na brusquidão dos gestos e do olhar, na pressão dos dedos sobre as coronhas das metralhadoras, transformando tudo em grades cada vez mais altas. E logo depois o avanço sobre as roupas e os sapatos espalhados pelo chão, como jogadores de *rugby* ou arqueólogos recém-entrados num túmulo faraônico há muito procurado. Tudo ao mesmo tempo, as peças disputadas por todos de uma só vez, lembrando um grotesco cabo de guerra. Como se houvesse prêmio especial para quem encontrasse primeiro.

Desaparecera a natural preocupação sentida quando mandaram que eu ficasse nu (assim os nazistas faziam nos campos de concentração antes de fuzilar os prisioneiros). Mas que seria que aquela gente desejava encontrar? A indagação trazia certa apreensão, que chegava a vencer o normal pudor de estar nu diante de tantos. Conhecia bem os processos. Se cismassem que devia estar com ele alguma coisa julgada importante pelos donos do momento, seria o diabo. A perspectiva do pau de arara ou de choques elétricos não era nada agradável.

E o que estava vendo dava realmente para inquietar. Por que aquela busca aflita nas bainhas e costuras das calças? O apalpar nervoso e milimétrico em todas as dobras da camisa, o revirar atabalhoado dos bolsos e a tentativa desesperada e ridícula de encontrar o fundo falso das solas dos sapatos? Depois, aumentando a apreensão, aqueles dez minutos novamente sozinho, tornando a se vestir, sem chegar a compreender nada do que havia acontecido. E de novo o mesmo abrir de porta com violência, o mesmo sargento à frente do seu aguerrido terceto de soldados portando as mesmas metralhadoras.

— Vem vindo.

Agora não podia haver mais dúvidas. Bobagem pensar que fosse outra coisa. Percebia-se pelos olhares que lhe lançavam, sentia-se nos passos sinistramente cadenciados, adivinhava-se na altura estratégica em que eram mantidas as metralhadoras. Talvez acontecesse ali mesmo no corredor, se ele se adiantasse um pouco mais. Não seria a primeira vez a acontecer uma coisa assim, diriam depois que tinha tentado fugir quando ia para o interrogatório. Ou aconteceria quando se abrisse aquela porta para onde estavam caminhando. Devia dar para um pátio. No pátio, com certeza, um muro. O tenentinho bem dissera à sua esposa que dessa vez ele morreria mesmo. Então que se abrisse logo a porta, bolas! Que acontecesse alguma coisa, fosse lá o que fosse, contanto que acontecesse!

E a porta se abriu. Nem pátio. Nem muro. Atrás de uma mesa, o tenentinho Portela, mais na ponta dos pés do que antes, do que nunca. E em sua mão, como bandeira desfraldada ao vento, uma folha de papel que devia conter as mais preciosas e definitivas revelações, tal o seu indisfarçável rir de orelha a orelha cada vez que a contemplava. Que raio de papel seria aquele? De onde teria surgido? Tinha prestado bem atenção em tudo quanto fora apanhado durante a busca no escritório e em casa, pois conhecia de sobra a técnica policial de enxertar documentos comprometedores para futuras provocações. Podia jurar de pés juntos que não tinham encontrado nada parecido com aquilo agora sacudido vitoriosamente pelo tenentinho, ar de condestável carregando sobre a ponte levadiça que lhe abriria o caminho para o castelo dominado, revivendo o *in hoc signo vinces* da Bíblia.

— Agora já sabemos de tudo. Aqui está o resultado do exame de laboratório.

— Exame de quê?

A pergunta saiu gaguejada, tão fora de propósito era a afirmação, provocando no tenentinho um sorriso de "agora te peguei, hein?". Mas não podia ser de outra forma. Tinha se preparado para tudo ao ver aquele papel, e logo nas mãos de quem! Esperava as perguntas mais absurdas. Não estranharia nem mesmo se aquilo fosse apresentado como uma carta de um dirigente internacional — o próprio Kruschev, por que não? — com diretivas para a vitória do movimento subterrâneo. Aquela gente era capaz de tudo, já tinha provas mais do que suficientes. Pois não haviam levado horas intermináveis indagando se não seria ele o responsável pelo dispositivo militar da revolução, e afirmando que essa hipótese se devia ao fato de ele ter estado na Itália? Mas o exame de laboratório estava fora de qualquer previsão. Não formava sentido. E repetiu a pergunta, admitindo internamente que não teria ouvido direito:

— Exame de quê?

— De laboratório!!!

E os pontos de exclamação transbordavam da boca do tenentinho, inundando a sala; talvez ecoassem por todo o quartel, como se aquele laboratório fosse algo de muito especial, digno de figurar nos versos de Gonçalves Dias, completando a lista das coisas que em outras terras não há, e tendo a coroá-lo uma tabuleta em letras fluorescentes: Obra do Governador Carlos Lacerda.

Mas o momento era de delírio total, além das dimensões e conveniências. O estar na ponta dos pés dava ao tenentinho uma sensação de Nijinsky, ou talvez Pavlova, no salto armado para uma pirueta de eletrizar qualquer plateia, pirueta que não se fez demorar, já que a hora era de delírio total, numa pergunta histérica:

— Então queria explodir o quartel, não é?

— Explodir?

O espanto não lhe permitia mais do que aquela pergunta sem cor, gaguejada como a que fizera antes. Não era possível que não estivesse no meio de um quadro de Salvador Dalí. De um momento para outro, aquelas grades iriam começar a escorrer pelas paredes, como se fossem de chocolate. Tinha medo de se olhar, se tocar, pois seus braços já deviam ter se transformado em antenas de televisão. Seu corpo, por certo, tinha virado um ovo, como nos quadros de Bosch. Mas a histeria do tenentinho o chamava à realidade, que ele considerava surrealista.

— Aquele produto químico que estava escondido em seu bolso.

— Eu não escondi coisa alguma, apanhei aquilo na frente de todos.

— Sua representação em casa foi perfeita, mas aqui está o laudo do laboratório. Nitroglicerina. É o que aquilo contém. Fez a encenação da naturalidade para não chamar a atenção, pensando que não descobriríamos, não é? Ni-tro-gli-ce-ri-na!

Precisou fazer um esforço muito grande para se manter razoavelmente sério. O caso era para explodir em gargalhadas, mandar tudo aquilo à merda, que uma palavra menos conveniente traria um alívio maior. Mas as metralhadoras encostadas às suas costelas podiam não ter senso de humor. Melhor tentar uma explicação:

— O senhor está enganado. Aquilo é o remédio para as minhas coronárias. Anda sempre comigo.

— Aqui que é remédio! — e era um bananal frondoso que saía dos braços do tenentinho. — Ni-tro-gli-ce-ri-na!!!

— Estou lhe dizendo que é remédio. Se o senhor quiser uma prova, posso tomar aqui mesmo.

O argumento era forte demais para uma simples pontas de pés. E o tenentinho ficou mais inho do que antes, retornando ao tamanho anterior. "Ainda bem", pensou o Pedro Paulo, pois já era tempo de acabar com aquela palhaçada. Mas a voz se fez ouvir do fundo da sala, saindo de uma meia penumbra como em filme de mistério. Vinha de outra farda. Só que cheia de galões, e aí então a coisa se tornava preta, pois se nos outros países da América Latina a autoridade se mede pelo tamanho da pala do quepe, entre nós o valor das palavras depende do número de galões. E elas, palavras, saíam pausadas, como encerrando todas as verdades já ditas e ainda por dizer.

— Esse truque não pega. O laboratório nos explicou tudo. Está ouvindo? Tudo.

Diante desse segundo tudo, o Pedro Paulo sentiu que seria inútil qualquer explicação. Dito daquele jeito, e do alto de tantos galões, esse último tudo parecia abarcar todo o entendimento universal. Sentia-se insignificante, como se estivesse frente a frente com o princípio e o fim de todas as coisas.

— Em contato com a saliva não acontece nada. Só explode pela ação do fogo.

Um palavrão seria o mais terapêutico, já que o palavrão rola da boca e salva o mundo. E estava para ser dito, com todas as letras em maiúsculo, aproveitando todos os pontos de exclamação que tivessem sobrado pelas paredes e janelas, tantos tinham saído da boca do tenentinho, quando à porta da sala apareceu um capitão, que, depois de se inteirar do que estava acontecendo, segredou ao ouvido do tenentinho, mas não tão baixo que ele não ouvisse:

— Deixe de dar vexame, rapaz. Isso é trinitrina. Tem nitroglicerina, tem, mas em dose minimíssima. Eu sei, porque meu pai toma esse remédio. É para as coronárias.

Na volta para o Dops, transferido do Fernandes Viana, Pedro Paulo Sampaio Lacerda sofreu uma crise cardíaca violentíssima. Nem a trinitrina, com toda a nitroglicerina que deixou o tenentinho com tanto medo de que o quartel, e quem sabe o país, fosse pelos ares, foi capaz de resolver. Só pôde recuperar-se graças à energia de um plantonista do Souza Aguiar, que não permitiu sua permanência nem mais um segundo no xadrez onde se encontrava e soube responder como convinha ao funcionário que procurava dificultar o transporte do doente para o pronto-socorro, sob a alegação de que era necessária uma guia assinada por não sei quem que não estava no momento.

— Na minha mão ninguém morre por causa de burocracia. Não me interessa o que está faltando. O que eu sei, como médico, é que este homem precisa de socorro urgente. E eu vou levá-lo agora mesmo, com ou sem a tal guia.

X

Há um trabalho que Hércules, com todo o cartaz de supermachão que a mitologia lhe deu, não teria conseguido: manter papo com homens do campo. Durante minha permanência no Fernandes Viana, estive ombro a ombro com vários camponeses das terras desapropriadas de Capivari. Convivência diária, pois minha condição de membro do coletivo geral me obrigava a percorrer sempre as celas, sabendo do que havia precisão — e a deles estava sempre precisando de tudo, gente da mais pobre que era. No entanto, nunca deixaram de me receber como a um estranho. Bastava eu aparecer na porta para eles interromperem a conversa. Minhas perguntas como que batiam em seus ouvidos e caíam, só depois de muito tempo vindo algumas palavras, e assim mesmo apenas as necessárias. Até um deles, meu velho conhecido da Nacional, pois era parente da locutora Lúcia Helena, fazia frente com o mutismo. Como se quisessem manter-se isolados, nada de boi estranho atravessando as suas cercas pra vir comer a vaca que não lhe pertencia.

Mão de obra suada conseguir que o Caetano e o Eliseu certo dia dessem um pouco de rédea frouxa à língua. E quantas vezes estiveram para desistir, enquanto narravam: "Bobagem isso. Pra que que o sinhô qué sabê? Foi coisa comigo."

A) Era com enorme sacrifício que o Caetano Alves Martins continha as lágrimas ao recordar aquilo. Defendeu-se no silêncio muitas vezes, precisando pitar o cigarrinho de palha, andar de um lado para outro para vencer o acuamento das lembranças que tanto o machucavam. Os maus-tratos no ato da prisão e mesmo depois, que foram bem mais, as ofensas diante da mulher e dos filhos, não lhe provocavam mais do que um dar de ombros e um sorriso meio de pena:

— Eles são ansim mesmo, num é? Ficá cum reiva dá munto mais trabaio e dói mais do que suportá tudo que eu suportei. E se a gente pensá com carma... até que não foi ninguém que falô nem fez, não é verdade? É, ninguém.

— E o povo em casa, Caetano?

— Eles sabe se defendê sozinho. A cumpanheira e a meninada conhece o trabaio de campo tão bem que nem eu. Ficô comida pra bem um seis meis. Isso não afeta nada.

O "isso" que ele dizia com tanta displicência era a prisão, que já se prolongava por mais de trinta dias. E se sentia que realmente não tinha importância, pois logo depois estava falando entusiasmado dos milhares de pés de mandioca que estavam guardados e dos sacos de feijão já colhidos, podendo ser trocados por outros gêneros, caso houvesse precisão. Parecia-me vê-lo em seu pedaço de terra, habituado a olhar o céu quando lhe desse na veneta. Mas tudo isso desaparecia de repente, porque mais forte do que tudo era a lembrança daquele momento durante o interrogatório suportado no 2º RI.

As perguntas se repetiam, irritantes, sem qualquer imaginação. Quantos camponeses eram, quando iriam fazer a revolução, que ligações tinham com os comunistas, com o Julião, quem fornecia as armas e onde elas estavam escondidas, quais eram os chefes, que é que costumavam discutir nas assembleias. As palavras eram enfatizadas, frisadas pelo Sherlock de papel higiênico, para impressionar.

Camponês da ponta do dedão do pé ao fim do último fio de cabelo, pacientemente o Caetano explicava que comparecia às assembleias porque os amigos insistiam e, depois, ali eram discutidos assuntos que interessavam a ele e à sua família: condições melhores de trabalho, mais dinheiro... Tudo calmamente, gastando poucas palavras, sem se impressionar sequer com aquela advertência do tenente depois de lhe permitir que tomasse um cafezinho.

— Sabe que nesse café há um remédio que faz a pessoa falar? Daqui a pouco... Não está sentindo nada?

— Não, sinhô.

— Mas vai sentir. Daqui a pouco. Gente mais forte do que você sentiu, por que você não há de sentir? A cabeça começa a rodar como se fosse dar vertigem. E vai dizer tudo que eu quiser. A verdade.

Mas o "daqui a pouco" não chegava nunca. Caetano continuava dono absoluto de seus pensamentos, repetindo dez, vinte vezes, que comparecia às reuniões porque ali se discutiam coisas que...

— Já sei, já sei! Coisas que interessavam a você e à sua família, levado pelos amigos...

— Pois é...

O inquiridor do Caetano saboreou até as últimas o sorriso que a ideia genial lhe provocou. Aquela não teria ocorrido a nenhum dos professores dos cursos especializados que fizera. Só mesmo a ele. E a pergunta foi feita de chofre:

— Você sabe o que é veado?

— Bem... um bicho que corre munto, não é? ... que tem uns chifre mais parecido com gaio de arve.

— Isso é lá no meio do mato. Eu falo aqui na cidade. Sabe o que é veado aqui?

— Não, sinhô.

— Veado é homem que dá o rabo pra outro homem.

Caetano ouvia o tenente sem dizer palavra. Tudo aquilo era muito estranho para ele. E mais estranho ainda que aquele homem, tão metido a importância, que dava tantas ordens e gritava tanto, conversasse aquelas porcarias com um desconhecido que nem ele, que estava vendo pela primeira vez.

— Você diz que ia à assembleia por causa dos amigos, não é?

— Sim, sinhô.

— Vamos fazer de conta que nós somos amigos, que você é meu amigo. Eu saio na rua e dou o rabo pra um homem.

Caetano prendeu a respiração, esperando o resto da frase que, ele adivinhou em sua simplicidade, não demoraria.

— Você, porque é meu amigo, também sai e vai dar o rabo como eu dei?

Os companheiros, no pátio do Fernandes Viana, morriam de rir quando essa história se espalhou. E, de tanto rirem, nem sempre reparavam nas lágrimas que havia nos olhos do Caetano ao repetir a resposta que fora obrigado a dar a uma pergunta tão boçal:

— Não sinhô, porque eu respeito munto minha matéria própria.

B) Maravilha de Deus poder parar o trabalho quando lhe dava na cabeça e ficar olhando o céu ou não olhando nada, apenas parando o trabalho, sem o medo de aparecer o patrão de um momento para outro, a chamá-lo de vagabundo, moleirão.

Eram assim os pensamentos de Eliseu naquela tarde de abril. A vida nas terras desapropriadas de Capivari continuava a rotina do cava-planta-e-colhe em que tinha visto os seus dias se somarem desde pequenino. Mas agora era seu. Cavando, plantando e colhendo pra ele e sua gente. No princípio, não tinha sido nada fácil a distribuição daquele pessoal todo, organizar, acomodar. E, ainda por cima, quando a coisa estava começando a tomar jeito, aquele homem se dizendo padre, atrás dele uma porção de capangas, quase botando tudo a perder. Agora, mesmo, as coisas continuavam difíceis. Era no que a turma falava todo santo dia.

— O diabo é que essas terras não são das melhores, não, dão pouca coisa de renda.

— Se a gente pudesse ter um caminhão e ir vender diretamente nas feiras, é que era.

Tudo isso preocupava. Não era fácil organizar uma cooperativa, assustava assumir compromissos grandes. Depois, podiam não alcançar o dinheiro para pagar, e o que não falta é gente com olho na terra dos outros. Mas havia o chão para compensar tudo. Dele. Deles. E o que saía do chão, que também não era para os outros.

O ronco dos aviões cortou os pensamentos do Eliseu.

— Quantos, hein?

— Parece até parada, não é?

As pás, as foices, as enxadas foram largadas no chão, todas as cabeças voltadas para cima. E de repente o céu da tarde se encheu de estrelas cadentes. Estrelas escuras, pardacentas, caindo devagar.

— Que negócio é aquele lá em cima, Eliseu?

— Pelo jeito... Espera. É... paraquedistas.

— Tantos? Mais de... nem sei, não dá tempo de contar direito. Estão descendo de tudo que é lado.

— Devem de estar fazendo exercício.

— Mas logo em cima do campo da gente?

Os paraquedistas foram caindo e se esparramando pela plantação de mandioca, aipo...

— Que exercício mais fora de propósito. Estragando o que a gente teve tanto trabalho pra plantar. Olha só.

— Não pensa nisso agora. Sendo gente do governo, depois pagam o prejuízo. Vamos é ajudar aquele ali que ficou enganchado na árvore. Deve de estar atrapalhado pra sair.

E todos correram. E todos ajudaram.

Era tarde da noite quando as viaturas acordaram com susto o sono dos de Capivari. O ronco dos motores, as coronhadas nas portas, as ordens de comando, gritadas, chegavam até longe, ampliando o medo. Eliseu e os outros foram arrancados de casa e colocados no meio do campo, da estrada. E começaram as perguntas, enquanto do meio das plantações — subindo em vez de descerem, como se o céu tivesse mudado de lugar — iam surgindo as estrelas cadentes daquela tarde, dispostas em formação de combate, andando sinistramente devagar como quando haviam caído, completando uma heroica operação militar.

Só então eu compreendi as palavras de Eliseu quando lhe perguntei as condições em que ele e os outros tinham sido presos:

— Veio do céu, seu Mário. Eram muitos. Mais de... nem sei, que não dava tempo de contar direito. Veio do céu. E nós inda fomos ajudar, que eles estavam um bocado atrapalhados.

XI

Os adultos se entreolharam apreensivos quando as viaturas entraram na rua, no espalhafato normal de quem quer dizer que a última palavra é aquela e não se discute mais. Os do bairro já tinham andado sabendo que Juan Garcia estava preso havia alguns dias. Tinham até muita pena da senhora dele, já com tantos afazeres em casa e ainda precisando tomar conta da loja para não haver um prejuízo total. "E pra virem todos esses carros agora, cheios de soldados, é porque o negócio deve ter engrossado pro lado do gringo." Essa frase levantou um mundo de especulações.

— Será que vão interditar a loja dele? Olha só, estão barrando a porta.

— Vai ver que pensam que lá dentro tem arma.

— Bem capaz. Eles deram pra ver arma em tudo. Podem dizer que o Juan fabricava metralhadora disfarçada em joia.

— Não esculhamba que o negócio pode ser sério.

— Só se ele é espião.

— Que besteira! O Juan?

— Estrangeiro, não é? Espião de Franco...

— Se fosse isso, não tinham prendido ele. Capaz até de estar com um cargo no governo. Ou então davam uma medalha. Tudo tão bom como tão bom.

Os adultos se aproximavam a medo. De uma hora para outra, podiam querer apanhar qualquer um, ou mais de um, para servir de testemunha, e ninguém ali estava com disposição de mofar num xadrez. Mas as crianças, inconscientes, tinham seguido as viaturas como quem segue bêbedo ou maluco, que para elas tudo serve de farra. Ao contrário dos adultos, não viram nada de estranho ou sinistro na solenidade com que aquele oficial graduado saltou do carro, acompanhado de um ajudante, e entrou na joalheria do Juan, recebendo continência de todos. Aglomeraram-se perto da porta, pouco ligando para as recomendações maternas de que, de repente, uma daquelas armas podia atirar por artes do diabo.

Pouco depois, o oficial graduado e seu ajudante saíram da loja, os soldados retornaram às suas viaturas, saindo novamente no estardalhaço de quem diz "pronto!", e a rua voltou à tranquilidade de antes. As crianças, decepcionadas, porque fora tudo tão depressa, sem tempo para acontecer nada, nem pelo menos alguma daquelas armas disparar para elas verem como era; os adultos comentando sem entenderem.

— Viu só?

— Revolução, nego.

— Fizeram todo esse carnaval... quase mataram a patroa de susto... pra no fim abrirem o cofre do Juan e irem embora sem nem olharem o que tinha dentro.

— Que será que eles queriam no cofre, hein? Ver se era mesmo de aço? — perguntou alguém por perto chacoalhando, que o que acabava de acontecer não podia ser mesmo levado a sério.

Não passaria pela cabeça de ninguém ali na rua que todo aquele carnaval representava o último ato de uma história, das mais grotescas, que vinha se arrastando havia já uns bons pares de dias. Desde que Juan Garcia, preso no Dops, fora apanhado em flagrante entregando um papelzinho a um soldado da PV.

— Mandando recadinhos pra fora, não é? Instruções pros companheiros, com toda certeza. Vocês não tomam jeito mesmo. Estão sempre pensando em fornicar a paciência da gente. Até aqui dentro. Só matando. Nós sabíamos que andava funcionando pombo-correio daqui pra fora, que há muito traidor no meio da gente. Mas agora pegamos os dois com a boca na botija. E a cana vai ser dura pros dois.

Os olhos do tira se arregalaram numa alegria sádica quando abriu o papelzinho que tinha entre os dedos.

— E em código, hein, seu grandessíssimo filho de uma puta? Palavra que eu não queria estar na tua pele, não. Vai te sair fogo até pelo rabo se não der o serviço direitinho. Que quer dizer isso aqui? Estas letras e estes números? — E, depois de uma pausa, voltando-se para o PV: — Já que o gringo se fecha, fala você, colega. Pra ver se alivia tua barra, porque você tá fornicado mesmo.

O PV, coitado, não conseguia encontrar as palavras da explicação, tão inesperado tinha sido tudo aquilo. O Juan, mais coitado ainda, gaguejava uma história, tornando sem nenhuma convicção o que dizia. Que aquele rapaz...

o PV... nas horas vagas fazia uns biscates vendendo joias. E que ele... o Juan... fornecia o material pro rapaz vender... Fornecia há muito tempo, palavra de honra.

— Já vi que vocês dois são cupinchas antigos — respondeu o tira, aproveitando a oportunidade para demonstrar que era um bocado sagaz. — Mas nada disso interessa. O que eu quero saber são estas letras aqui, estes números.

Passados alguns dias desse flagrante, o Juan já tinha perdido a noção de quantas vezes lhe haviam feito a mesma pergunta. Mandavam-no de um lado para outro, mudavam os inquiridores, o papelzinho lhe era mostrado a cada minuto. E ia perdendo o fôlego de tanto explicar que o PV, nas horas vagas, vendia joias para ele etc. etc. Até aí o negócio ia muito bem, ouviam-no com relativa paciência, na esperança de que, daquela vez, chegariam a algum resultado. E mesmo, também, porque não seria o primeiro caso de um policial fazer biscates nas horas vagas, ganhando a miséria que ganham. O diabo era quando ia explicar as letras, os números. Ninguém acreditava. Simples demais para ser verdade.

— Palavra de honra... por quantas Virgens del Pilar os senhores quiserem... Minha mulher ficou tomando conta da loja, que entende do negócio mais até do que eu. Só não conhece o segredo do cofre. Palavra. E o meu amigo aqui...

— Cúmplice, diga a palavra correta.

— ...quando me viu aqui dentro... como já fez uma porção de negócios comigo... já dei muito dinheiro a ganhar a ele... quando me viu aqui quis ser gentil...

— Sem entrar numas boas porradas já vi que esse gringo não vai dar o serviço, não.

— Palavra que eu estou dizendo a verdade. Uma mão lava a outra, não é? Me viu aqui e perguntou se eu estava precisando de alguma coisa. Eu me lembrei das dificuldades que minha senhora deve estar passando, sem saber o segredo do cofre. As joias de mais valor estão justamente lá dentro. E o dinheiro também. Não pode se mexer, coitada. Nem adiantava ficar com a loja aberta nessas condições.

— Ih, essa palhaçada já está demorando muito, ó, gringo. O melhor é vomitar tudo direitinho.

— Mas se é a verdade. Eu escrevi o segredo do cofre e pedi a esse rapaz que fosse levar pra minha senhora.

Quando a história chegava a esse ponto, lá se ia o caldo pela pia abaixo. Era grito pra tudo quanto é lado, socos na mesa, empurrões, xingamentos. Mas o Juan, coitado, não tinha outra coisa pra dizer, por mais que perguntassem.

— Nós não tamos querendo imprensar você como tá merecendo porque não tem corpo pra aguentar repuxo, e não interessa você morto. A gente tá querendo saber o que é que tá disfarçado nisso aqui. Explica pra gente, vá. D 3v 84 — E Iv 30 — d 80. O que vem a ser isso? Algum endereço? A maneira de chegar a algum lugar onde estão os chefões? 84 é o número de alguma casa? Ou é algum nome cifrado? V quer dizer volta? Fala, diabo! Em que lugar fica isso aqui? Pelo menos isso e a gente deixa você sossegado.

E o Juan recomeçava tudo com a mesma paciência, talvez se maldizendo por estar sendo obrigado a dizer uma verdade tão contra ele. Que sua mulher, coitada, não sabendo o segredo do cofre... E finalmente vieram os técnicos em decifração de códigos secretos. Foi certo alívio para Juan, porque os homens confiavam mais nas suas tabelas, nos seus mapas, e as perguntas diminuíram. Já podia ler mais tranquilamente seu Carlos Drummond de Andrade, de quem era verdadeiro macaco de auditório, e cantar umas jotas que aliviavam. Mas não deu sorte o nosso amigo. Os homens estavam indo à loucura, pois o maldito papelzinho não se enquadrava em nenhum dos modelos conhecidos. Noites, dias, e mais dias e mais noites de estudos, de confrontações, e nada! A esfingezinha particular do Juan continuava indecifrável. Os trompaços já faziam prever o que poderia estar preparado para ele. Foi quando lhe veio a ideia salvadora.

— Os senhores já pensaram tudo que quiseram.

— Veja lá como fala, hein, seu gringo? Ou quer pegar um desacato ainda por cima?

— Desculpem, mas... mas por que é que os senhores não experimentam acreditar no que eu estou dizendo pelo menos uma vez? Isso que está aí é o segredo do cofre da minha loja. Minha mulher precisa saber esse segredo pra poder trabalhar.

— Vai recomeçar a mesma história?

— É fácil provar o que eu estou dizendo. Basta ir lá alguém com este papel... na minha loja... e ver se não dá certo.

Ninguém pôde entrar na loja seguindo o técnico especializado em códigos secretos, naquela tarde em que as viaturas assustaram a rua onde ficava a loja do Juan. De longe viram o ajudante segurando o papel, como sacristão segurando missal. Viram o técnico girar a rodinha com todo cuidado, e o cofre se abrir. Apenas não puderam perceber, porque estavam de longe, que os dois se olharam muito espantados quando a porta do cofre cedeu, e o técnico balbuciou um "*é*" de constatação, como quem diz "não se fala mais nisso". E realmente não se falou. O Juan ainda ficou muitos dias detido, mas já agora como testemunha no processo que desejavam instaurar contra o PV que estava apenas lhe prestando um favor. A mulher não conhecia o segredo do cofre e sem isso...

Gente trocando as estações é o que não falta em cadeia. Principalmente quando as prisões são feitas como em 1964, em que havia necessidade de apresentar estatísticas recheadas, Nós, na 29, tínhamos alguns exemplares desse tipo.

O Amâncio, preso por denúncia de um vizinho que avisou a polícia que ele tinha muitos livros escritos numa linguagem esquisita. Não conseguiu convencer os tiras de que aquilo era esperanto. E se complicou ainda mais quando os homens descobriram que o esperanto foi inventado por um russo chamado Zamenhof. Aí então é que todas as acusações lhe desabaram em cima. Mas criatura tranquila estava ali mesmo, não dando nenhum trabalho ao coletivo, pois não tinha amigos entre os presos, nunca demonstrou qualquer interesse em sair da cela. Até que numa noite de lua cheia se saiu com aquela:

— Vocês devem ter muito cuidado comigo quando faz lua cheia. É que me dá a crise, sabe? Uma coisa que eu não sei o que é. Mordo o primeiro que estiver perto de mim.

Também tínhamos o Manuel da Conceição, lixeiro da Administração dos Portos (se não me engano), analfabeto (com toda certeza), preso quando, como lixeiro, recolhia do chão o que, para ele, eram papéis sujos, não podendo calcular que aqueles riscos fossem palavras e que as palavras falassem de liberdade, direito humano momentaneamente riscado dos dicionários. Chegou à 29 sete dias depois de já estarmos lá. Foi chegando e desabando sobre o estrado, mais um monte balofo do que gente, sem dar a mínima à saudação que o coletivo fazia a todos os recém-chegados, visando a animá-los, entrosá-los na nova vida que iriam levar. Pouco depois começava a tremer, dizendo palavras desconexas e se atirando contra as paredes.

— No Dops foi a mesma coisa. Quase quebrou tudo lá. Epilepsia — explicou um dos companheiros que tinha vindo com ele e que sabia das condições da sua prisão, pois era o seu chefe.

O Juan não tinha nada em comum com esses tipos, pois seus transistores estavam otimamente ajustados numa cachola lucidíssima. Mas figura para lá de agitada era aquela, carácolis!, um verdadeiro pinguelo maluco andando pelos corredores do Fernandes Viana, sempre pronto a quebrar a disciplina que determinava só poderem sair das celas dois de cada vez, embora vivesse repetindo "precisamos compreender a necessidade da disciplina, porque do contrário a coisa não anda *bien*". Tão pinguelo e tão maluco que no Dops, quando o chamaram para ser posto em liberdade, saiu numa corrida desabalada, só a muito custo atendendo os companheiros que lhe gritavam, morrendo de rir:

— Que é isso, Juan, vai pra rua de cueca?

XII

No Festival de Besteira que Assolou o País — a maior produção do gênio de Sérgio Porto —, muita coisa ficou sem se saber ao certo se fazia parte do anedotário, se tinha fundo de verdade. Nunca se pôde apurar se realmente o censor procurou Sófocles na caixa do teatro depois da representação de *Antígona*. Será verdade a resposta atribuída a um engenheiro para o major que se dizia socialista: "eu sei, nacional-socialista"? Nunca se apurará ao certo onde termina a verdade e começa a vingança do bom humor brasileiro, principalmente carioca (que naquele tempo ainda éramos cariocas). Mas o que aconteceu ao Chico transborda do anedotário, porque é a burrice do que aconteceu aos montes naqueles dias.

Chico. Para outro qualquer, seria muito pouco como elemento de identificação. Para ele, era mais do que suficiente. Chico. Apenas. Nunca ninguém lhe conhecera mais alguma coisa como nome depois desse. Tão Chico, que Francisco lhe serviria de apelido. Tal jeito de Chico que, durante o confere, nunca nenhum dos companheiros de cela teve o cuidado de prestar atenção, para saber como era exatamente que o chamavam. Deviam dizer Francisco, que afinal eram fichas burocráticas, e em documentos oficiais não é de bom nome escrever apelidos — a menos que sejam codinomes. Depois do Francisco diziam obrigatoriamente mais alguma coisa para dar a impressão de nome completo, de gente dos pés à cabeça. Mas o que o pessoal ouvia era Chico.

É provável até que ele mesmo não se conhecesse de outro jeito. Nunca precisara assinar recibo, passar procuração. Nenhum ato que o obrigasse a voltar a ser o que já esquecera ou, quem sabe? , nunca tivera importância. Para que ser mais do que Chico, ou mesmo "você aí" na vida que levava, biscateando, apanhando plantas no Parque da Cidade para ir vender na feira como ervas medicinais milagrosas, lutando contra os ponteiros durante o dia para chegar à noite com alguns níqueis que lhe deixassem o estômago ao menos pela metade?

Pois esse era o Chico que, naquela manhã de abril, ia andando pelas calçadas do Jóquei, perseguido por pensamentos não muito agradáveis para quem vive de incertezas. "Se o dia de hoje for igual que nem o de ontem, tô fornicado e malpago. Vô tê que acabá comendo fatia de vento nordeste, que é mais barato. Que diabo será que aconteceu nessa cidade, meu Deus, que tá tudo assim tão mixuruco? Que dureza pra se arranjá o do raguzório! Deve ser por causa desse bando de sordados que estão passando pelas ruas de metralhadora até os dentes, em cima de carro, correndo por aí que nem pleibói. Tomara que isso acabe logo pra eu defendê o meu, que o estômago tá bronqueando."

Chico estava habituado a uma vida despreocupada, sem quando nem onde ou por quê. Pensar tantas coisas era cansativo. Tão que atirou o corpo sobre o primeiro poste que veio ao seu encontro. E foi quando viu. Bem perto dos seus pés, milagre ou tentação, ou as duas coisas ao mesmo tempo. Não podia haver dúvida. O jantar da véspera tinha sido meio no faz de conta, é verdade, mas ainda não dava para ter alucinações. Era mesmo. Um pretérito imperfeito indiscutível. Uma pasta e dois pacotes, sim, senhor. Se o dono não andasse por perto...

Não andava. De esquina a esquina, apenas ele e o poste. Começou a se abaixar devagarinho, como quem não está querendo nada. Se aparecesse alguém, o dono da muamba, podia alegar uma ziquizira na perna. Desculpa muito da besta, reconhecia, mas podia colar. Gente assim que nem ele, roupa já com três mudanças de cor, pelo menos, é muito dada a essas porcarias de pele, qualquer um acredita. Na pasta, nada que valesse a pena. Papéis que nem se deu ao trabalho de ler, pois vida dos outros não era coisa que lhe interessasse. Mas os pacotes... não resistiu.

Oba! Não pedira tanto a papai do céu. Naquele momento, desejava ter cem mil mãos para segurar aqueles livros um por um, todos ao mesmo tempo. Se tivesse podido estudar, na época, com certeza recordaria os "livros a mancheias", de Castro Alves. Quantos! A cabeça começou a girar, cálculo e fantasia. "A cinquenta mango cada, dá pra garanti o morfo de uma porção de dias sem precisá está me virando. E cada livro desse a um galo até que é barato. Esses mais pesados, com figura, deve valê nimínimis nimínimis uma quina. Caprichando um pouquinho, uma abobrinha. Vá ter sorte assim no inferno, seu Chico!"

E em pouco mais de um minuto os livros estavam empilhados na calçada, apregoados com voz festiva, principalmente o preço, verdadeira galinha morta, como ele fazia questão de frisar. Os nomes dos livros e de seus autores não era bobo de dizer. Havia alguns complicados, com muita letra para juntar, e isso não era o forte do Chico. Podia passar alguém entendido do riscado, ia ver logo que ele não sabia o que estava vendendo, e era bem capaz de querer passá-lo para trás. O que interessava gritar era que custava cinquenta pratas cada um.

E, de cinquenta em cinquenta, em pouco tempo já podia pensar num rango reforçado, cerveja barriguda para um arroto de satisfação, e depois continuava a féria.

— Garoto, qué defendê uns trocado?

— Se é na moleza...

— Total. Só ficá gritando que cada um desses troços aí...

— Estes livros.

— Pois é. Um galo cada. Pra impressioná os incauto... eu manjo disso... diz que nas lojas custa dez vezes mais. Ajuda pra vendê, sabe? Eu vô fazê uma boquinha ali no boteco em frente.

Nem chegou a saborear a carne assada que tinha dado água na boca só pelo cheiro. Quando olhou na direção da calçada, que era sempre bom ficar de olho no garoto, não conteve um pensamento amargo acompanhado de um puta que o pariu. "Azarado que nem eu inda tá pra nascê, puxa! Quando arranjo uma moleza pra defendê uns trocado, aparece logo o rapa pra me tirá a mercadoria por causa da licença. Mas dessa vez dou um puta esporro, que aquilo é ragu pra muitos dias."

Os homens que estavam recolhendo os livros chegaram a se assustar, tal o ímpeto com que o Chico defendia o ragu.

— Vamo acabá com essa sacanagem! Querem o quê? Me vê roubando pra podê vivê, é? É isso que vocês querem? Tubarão que mete a mão no bolso dos outros vocês não faz nada. No fim do mês vão pegá o de vocês na caixinha, não é? Uma baba de quiabo não faz mal a ninguém. Que é que eu tô fazendo demais? Não tô explorando ninguém. Compra quem qué, e eu vendo até mais barato que na loja. Vão largando meus bagulho e caindo fora que eu preciso metê os peito.

— Vamos baixar a borracha neste comunista de merda?

Só então, diante dessas palavras e, principalmente, da violência com que eram ditas, foi que o Chico compreendeu que havia alguma coisa errada. O carro não era do rapa... e ninguém ali era fiscal. Fiscal não usa metralhadora. Que mancada! Mas já era tarde para qualquer coisa, estava nas malhas da justa. Mãos demais a pegá-lo pelo braço, a lhe darem cachações, atirando-o para dentro da caminhonete.

— Querendo fazer a gente de palhaço, é? Em plena revolução vem vender material subversivo na calçada, bem na cara da gente...

— Mas espera aí, gente...

— Esse cara deve ser elemento de confiança dos grandes do Partido. Eles não iam mandar qualquer um pra uma tarefa arriscada dessas. Eu trabalho nisso há muito tempo. Manjo.

— Onde é que você apanhou esses livros?

— Não apanhei em lugar nenhum, juro. Encontrei.

— Encontrou, é?

— Aí na rua mesmo.

— Quero ver você bancar o inocentinho é lá no Dops.

— Lá você canta tudo que a gente quiser, e é bom começar agora, pra ter menos trabalho. Quem deu os livros? Onde é o depósito enrustido?

— Nesse depósito é capaz até de ter arma.

— Eu não sei nada de depósito, já disse que encontrei esses livros aqui na rua.

— Comunista filho de uma puta, vai logo cantando, vamos.

Era dos mais alegres no Fernandes Viana. Não importunava ninguém com aquelas perguntas tão dos estreantes e que começam sempre com um doloroso "será": será que eu vou sair logo?, será que vamos demorar muito tempo aqui?, será que o delegado acreditou no que eu contei? O Chico não tinha nada disso. Mantinha-se a um canto, quieto, vibrando somente às segundas, quartas e sextas, quando chegavam as encomendas mandadas pelas famílias. Como vibrava diante das frutas, doces, comida, que vinham para os outros, mas que, viva o coletivo!, pertenceriam à despensa geral da cela. E não se cansava de comentar:

— Negócio mesmo é sê preso político, agora é que eu tô vendo. Primeira revolução que rebentá por aí eu dô a cara pra sê preso logo de saída. Palavra de Deus que dô.

E acrescentava, quase numa súplica:

— Vamo combiná uma coisa, minha gente. Eu não tô querendo saí daqui nem à mão de Deus Padre, que lá fora a vida é dura paca. Inda mais prum sujeito sem ninguém por ele. Aqui eu como do bom e do melhor, que vocês me dão. Me pagam duzentos cruzeiros por dia preu fazê a limpeza da cela. Tô com lucro nesse negócio. Olha, quando chamarem meu nome pra ir embora, quem quisé se apresentá como sendo eu pode se apresentá que eu não faço questão. Juro que até gosto.

Pobre Chico. Não saberá de nenhum outro golpe nem qualquer revolução. Um dia, os jornais noticiaram que, no Parque da Cidade, tinha sido encontrado morto um marginal chamado Chico. Dois ou três tiros. E continuou Chico até nesse momento. Nenhum jornal lhe deu sobrenome. Alguns escreveram Francisco, talvez num respeito final. Mas apenas Francisco.

Chico. Para nós, que passamos pelo Fernandes Viana, Chico.

XIII

Foi o que vivi e observei viverem durante dois meses. Outros, que também viveram aqueles dias, terão ângulos diferentes para contar. As cadeias nunca são iguais, embora às vezes sendo vivida a mesma realidade. O "melhor que doce de coco", na expressão do companheiro quando chegamos à Ilha das Flores, acontecia ao mesmo tempo que Gregório Bezerra era arrastado pelas ruas do Recife por oficiais e soldados do IV Exército; enquanto recebíamos encomendas de casa três vezes por semana, muito líder camponês era tocaiado no meio da estrada, acumpliciados jagunços dos coronéis e Forças Armadas. Pressionávamos as autoridades carcerárias e conseguíamos a abertura das celas, podendo haver as visitas entre os presos, ao mesmo tempo que jovens estudantes eram massacrados em Pernambuco, a mesma juventude que pouco depois escreveria nos muros do Recife "Somos todos filhos de Taurino", quando o filho do supervisor dos IPMs fez coro com os que gritavam contra a ditadura, deixando o velho general em péssima situação.

Essas contradições tirarão o valor do que foi lembrado? Negarão sua oportunidade as transformações que surgiram mais tarde, quando a tortura entrou no rol das coisas institucionalizadas, o sumiço se tornou um fato normal, e a morte, apenas um elemento a mais? Terá valido a pena recordar uma época em que *Correio da Manhã* e *Última Hora* (pelo menos eram os jornais que líamos na prisão) ainda gritavam, anunciavam as prisões e as transferências dos presos de um lugar para outro, quando hoje em dia haveria acontecimentos bem mais chocantes a serem contados, principalmente após as novas formas de suicídio sofisticarem o terror?

Acredito que vale a pena. Primeiro, porque foi uma experiência, e toda experiência deve ser passada adiante. Segundo, porque o que aqui foi contado faz parte da história da própria reação, os caminhos seguidos no seu aperfeiçoamento. Aqui eu falo de um tempo em que eles eram apenas poder. Ainda não tinham aprendido governo, etapa em que só se diplomaram em 1968. E, à medida que o regime carcerário arrochou, a organização dos presos terá ganhado novas formas para sobreviver, o coletivo terá criado nova aparência para continuar valendo como força e afirmação dos que, momentaneamente, estão sem liberdade. E essas formas são encontradas sempre, porque, mesmo que fechem todos os caminhos, destruam todos os meios de comunicação, para a esperança dos homens sobra o arco-íris.

Por mais rigoroso que seja o regime carcerário, sempre se sabe quando chega gente nova. Será que se adivinha isso nos olhos dos carcereiros? Será que, de um momento para outro, sente-se que falta um milésimo do ar ambiente, porque um novo pulmão tem necessidade dele? Não sei. O que posso garantir é que se sabe, e o problema passa a ser descobrir quem chegou.

Era uma luta para nós, no Fernandes Viana, conseguirmos identificar no corredor quase escuro os vultos dos que entravam. E havia os que cantavam "A Internacional", buscando uma ligação ideológica. Outros gritavam nomes ao acaso, assobiavam cantos da Guerra Civil Espanhola... Às vezes havia uma resposta. Tinha valido o esforço, mesmo que essa resposta não completasse a identificação. Estabelecera-se o elo. O que chegava sabia que não estava só.

Quando da prisão da minha filha (aquela em que a casa ficou feito o camarote do filme *Uma noite na ópera*, dos Irmãos Marx), ela foi levada para a Ilha das Flores. Uma primeira prisão preocupa, às vezes até assusta. E ela estava sozinha na sua cela (a Ilha das Flores não é mais o doce de coco de 1964), procurando habituar-se em pensamento ao que lhe poderia acontecer. De repente foi aquele canto, a marcha-rancho de Chico Buarque:

Quem é você?
Me responda que eu quero saber.

O canto continuava, já não mais apenas numa só voz, e minha filha, agora tolhida pela emoção, porque adivinhava que a pergunta lhe era dirigida, não encontrava como responder. E o canto prosseguia, porque coletivo é luta, e a luta vai até que se consiga:

Quem é você?
Me responda que eu quero saber.

A emoção se fez força, lucidez, e ela começou a cantar os primeiros compassos de *Ai que saudades da Amélia*. Do outro lado, um lado que ela não tinha a mínima ideia de onde ficava, uma voz passou a informação: "É a filha do branco." O resto agora era fácil, ela sentia que não estava sozinha.

Este livro foi impresso nas oficinas da
Distribuidora Record de Serviços de Imprensa S.A.
Rua Argentina, 171 – Rio de Janeiro, RJ
para a Editora José Olympio Ltda.
em março de 2014

*

82º aniversário desta Casa de livros, fundada em 29.11.1931